風と水と畑から教わった
自然体になれる「しないこと」リスト

著 マノマノ

KADOKAWA

はじめに

「もっと肩の力を抜いて考えてみたら？」

「我慢せずに、言いたいことは言ったほうがいいよ」

人からそんなふうに言われて困った……という経験はないでしょうか？


なぜ力んでしまうのか？　どうしたら力を抜けるのか？　それがわからない。

そもそも自分が力んでいるのかどうかさえもわからない……。

そんな方も多いかもしれませんね。


そうした「力の抜き方がわからない」方々に向けて、心身の〝よけい〟な力をほどき、「自然体」で生きる方法を伝えたくて書いたのが、この本です。

もし、「力が抜ける魔法の呪文」があったら、今すぐにでも、皆さんを救うことができるのに……。あいにく私には魔法が使えないのですが、代わりに「力みをほどく糸口」を探すための、とっておきの方法を知っています。
まず、この本を開いてくださったあなたにプレゼントさせてください。
せっかくこの本を手にしてくださったのですから、これだけでもぜひ、試してほしいなと思います。

それは、「**言い訳してみること**」です。

これまで育ってきた過程では親や学校の先生に、大人になってからは職場の上司などに、「言い訳するな」と言い続けられてきた人は多いのではないでしょうか。でも、その言いつけを思い切って破ってみましょう。「**いい子**」を**やめてみる**のです。

さっそくやってみましょう。

次の言葉に、言い訳してください。

「もっと肩の力を抜いて考えてみたら？」

「我慢せずに言いたいことは、言ったほうがいいよ」

と言われた場合。たとえば次のように言い訳をします。

↓

「**でも**、人の目が気になるし、嫌われたくないし、本当に言いたいことなんか、なかなか言えません」

「**だって**、職場や周りの人と人間関係を作るのが下手だから。人から一方的に決めつけられたり、悪口を言われたりしても、我慢するしかない」

「**どうせ**、自分なんて価値がない。居場所なんてないし、どこにいても、そわそわして落ち着かない」

「**できることなら**、もっと気を楽に持って、毎日を楽しみたい……！」


どのような気持ちになったでしょうか？

今あなたが発した「言い訳」は、あなたから「自然体」で発せられた大事な

本音の言葉です。

言いたい本音を抑えるためには、力が必要です。つい力んで生きているあなたが疲れてしまうのは、〝よけい〟な力を使っているから。

その〝よけい〟な行為を「しない」ことで、あなたの気持ちは少しでもラクになれたのではないでしょうか。

後ほど詳しく自己紹介をしますが、私は大自然が広がる信州の八ヶ岳山麓で農業をしながら、心理カウンセラーの資格を活かし、人の心についても学んでいます。

大自然と野菜が育つ畑、そして人の心の領域を行ったり来たりする日々を過ごしているうちに、自然界には、ただ「生きる」ことを大切にするという、シンプルなルールがあることに気づきました。そこには、人が幸せに生きるために学ぶべきことも多いと考えるようになったのです。

「私たち人間は、あまりにたくさんのことを考えたり、抱え込んだりしすぎているんじゃないか。そのせいで、肝心の『生きる』ことがないがしろになり、『生きる』以外のことばかりを〝よけい〟に考えすぎていないだろうか」

そんなふうに思うようになったのです。

自然を眺めながら気づいた知見を言葉にしてSNSで発信すると、次第に、私のもとには悩みを抱える方たちからたくさんのコメントや相談が届くようになりました。

周りから与えられるプレッシャーや同調圧力、何気なく言われるひと言や、他者から受ける評価、将来への不安や焦り……。

それらの悩みが消えることなく、知らず知らずのうちに積み重なり、気づいたときには心も体も疲れ切っていたという人が、今の世の中にはたくさんいることがわかりました。

人間社会に生きて日々を過ごすうえで、私たちの周りには制限ばかりだと思われがちです。心を封じ込めるような暗黙のルールもたくさんあります。先述した「言い訳するな」も、その1つです。

でも、みんなが思い込んでいるほど、そんなに我慢しなくていい。

本音を押さえ込むことで、心や体が疲れてしまうのなら、なおさら、その「我慢」を「しない」方向に見直すべきタイミングではないかと思うのです。

コントロールしよう、滞りなく物事を進めようとすると、かえって力が必要になります。私の身の回りにある自然の木々や植物も、基本は、太陽と土と水という自然の力だけで生かされている。そのままの「自然体」で、十分に命を輝かせています。

私は畑仕事でも、作物の生育を邪魔しない程度に草刈りや除草をすることで、作物と自然が共存していけるようなバランスをつねに考えています。

それは、**自然がシンプルに「生きる力」を備えているため**です。

自然界にある「生きる力」に任せていると、最高に力が高まるということ。

それが、私が自然に囲まれて暮らしてきたなかで得た、実感です。
そして、「自然だけでなく、人も同じなんだよ」と伝えたいということに、もうお気づきでしょうか？

生きること以外に「よけい」を加えすぎる生き方は、人生を忙しくさせ、焦らせ、人の視野を狭めさせてしまいます。

「生きる」以外の「よけい」なことに人生の時間や労力を奪われて、視野がどんどん狭まること。それが私がもっとも危惧していることです。

「生きる」ことだけをまずはシンプルに考えてみようよ。

この本で、私があなたにいちばんに送りたいメッセージです。

「生きる」ことだけにシンプルに集中するほうが、じつは生産性は高まっていくのです。その理由は、人にもともと備わっている「気づく力」にあります。

目の前の悩みや問題を解決しようと、時間や労力をかける代わりに、自分をいたわる時間を増やしたり、何も我慢せずにボーッと過ごしてみたりするだけで、いろいろなことに気づけるようになっていきます。

ふとした思いつきや心が動く瞬間、思いもよらない偶然の出会いなど。そういった「人生のラッキーな出来事」は、何かに忙殺されているときではなく、心が和らいでいるときに起こりやすいものです。これは、誰もが皆、感覚的に〝なんとなく〟知っていることかもしれません。

17世紀にフランスで活躍したパスカルという科学者・哲学者の有名な言葉に「人間は考える葦《あし》である」というものがあります。皆さんも、教科書などで目にしたことがあるでしょうか？

これはパスカルの『パンセ』にある一節で、「人間は、自然のうちで最も弱い一本の葦にすぎない。しかしそれは考える葦である」というくだりで出てきます。

雨風や嵐の影響を真っ向から受けるちっぽけな葦と同じように、人も生きていると、さまざまな困難にさらされます。

けれど、人は身の回りにあるすべてのものをヒントに、思考の翼を広げられる。その自由な「思考」を持つことこそが、葦と大きく違う点です。

人間にとって、とても幸せなことだと私は考えています。


仕事やお金、愛する人、世の中のこと、夢や自分自身のこと。

「自然体」になることで、あなたの気づきの量はぐんぐん増えていきますよ。


実際、私は、〝よけい〟な力をとことん抜くことを意識し始めてから、気づけるもの・ことが何倍にも増えました。そして力を抜くようになってからのほうが、人生の質がグンと高まったのです。


それはたとえば、**自分の仕事への注意力です。**

育てている野菜と土の相性のよさや、個別の野菜たちの生長速度の違いなど。こうした変化にいち早く気づくことで、野菜が今求めているケアがわかります。それがおいしさにつながり、セールスポイントにもつながる。結果的に、仕事の生産性がアップしました。

さらには、**愛する人への気づきもグッと増えました**。子どもたちの成長や興味の移り変わりといった変化にも気づきやすくなりましたし、妻の機嫌や調子の変化にも、以前より気づけるようになりました。愛する人たちとのコミュニケーションの質が高まり、関係性が深まっていくのを感じています。

そして、**世界との関わり合いという面でも、気づきは加速しています**。自分が今こうして生きていることが、どれほど幸運なことか。自分が愛する家族やご先祖様、そして自然に生かされていることへの感謝も深まりました。同時に、世の中に対して自分が否応《いやおう》なしに果たしている役割にも気づけたことは、自分自身を認め肯定することにもつながりました。

自然体で生きるとは、つまり「生きる」ことそのものに集中すること。
そのためには「よけいなこと」を手放すこと。
それだけで、「気づき」の視野はぐんと広がります。
注意を向けられる対象が増えて、解像度も上がっていく。
そうすると、人生がどんどん豊かになっていきます。
これが、この本で私が伝えたい「自然体になること」のメリットです。

この本は、自然体になることからスタートして、自然体のままで人生の質が高まるように、次の構成になっています。

1. 自然体の私を見つけること
2. 不自然から身を守ること
3. 自然体で生きること
4. 自然体で愛する者と関わること
5. 自然体で夢を叶《かな》えること

そして、お伝えしたい大事なことがもう1つ。私はたまたま農家の者ですが、この本を読んだ人がみんな都会を離れて、田舎暮らしや農業を始めたらいいと言いたいわけでは決してありません。

都会に暮らしていても「自然体」になれますし、「自然体」の人にしかできないことは、たくさんあります。

そもそも人は自然の一部です。

もしあなたの心が今、「違和感」や「不自然さ」を抱えて悩んでいるとしたら、それは本来持っていたはずの自然な生き方を、忘れてしまっているだけなのだと思います。

一度リセットして、本来の「自然体」な状態を取り戻せば、心の悩みはすべて、調和する方向に向かいます。

さらに、「自然体」でいることは、周りの人にもポジティブな影響を及ぼすはずです。

たとえば、重たい鎧《よろい》を背負って戦っている人や、悩んでいる人に、寄り添うこと。その苦悩に気づいてあげるのは、「自然体」の人のほうが得意です。人の傷を癒したり、羽を休めたりする場所をさりげなく提供できるようにもなると思います。

この本では、〝よけい〟な力を抜いて「自然体」になるための方法を、「しないこと」リストという形でまとめています。

このリストは、私が大自然に囲まれながら、農家として暮らすなかで気づいた知見と、心理カウンセラーとして人の心に向き合ってきた過程で作ったものです。

改めて、私の自己紹介をさせていただきますね。

私は大空が広がる長野・信州の八ヶ岳で農家をしながら、ときに相談にいらっしゃる方のカウンセリングを行ったり、ＳＮＳで悩みを解くコツなどを発信したりしていることは、最初に少しお伝えした通りです。

つねに身近に自然がある農家として過ごすうちに、自然界の「生きる」というシンプルな目的に沿った、生き延びるためのいろいろなコツに直に触れてきました。

自然界にある「生きる」にフォーカスした知恵から、私はたくさんのことを学んできたのです。

この本は、そんな、自然界と人間界の狭間《はざま》で生きている私が気づいた知恵をまとめたものです。

そしてじつは、先に挙げた悩みはすべて、かつての私自身が抱えていたものでもあります。

田舎から東京に出てきてからというもの、苦学生だった頃は新聞配達をしながら予備校へ通ったり、ときには歌舞伎町のクラブで働いたり、土木業の仕事で汗を流したりしました。大学を卒業してからも、青果市場でセリ人として働いたり、映像制作会社ではプロデューサーとして動画制作を行ったり……。

私はかつて、まさに都会の喧騒《けんそう》のど真ん中でもがいていました。

人間関係や将来への不安と迷い、焦りに苛《さいな》まれ、押しつぶされそうな毎日を送っていたのです。


そんな私を救い、人生を一変させたのが農業であり自然でした。

ある日疲れ切ったときに、ふと、目の前にある野菜を手に取り、この野菜が育って私の手元に届くまでの一連の過程を振り返ってみたことがありました。

つまり、「野菜の人生」を想像してみたのです。

そして、こう思いました。

「**人間界はどうしてこんなにたくさんのしがらみで溢《あふ》れているのだろう。自然界の生き方は、とてもシンプルに見える。生きる力が溢れているように見える**」と。


「自分の心は、本当はこんなことを望んでいない」

次第に心がドキドキするような違和感が芽生え、その感覚が日に日に増していったとき、私は、「今の自分は不自然だ」と気づいたのです。

そして、「自然体って何だろう？」と思いました。

こうして私の「自然体」を探る探求が始まったのです。

この本は、私が生涯をかけて行っている「自然体」探求から生まれたものです。

私1人だけでなく、これを読んでくださった皆様にとっても有益なものになれば、こんなにうれしいことはありません。

2024年2月

マノマノ

目次

はじめに……2

第1章 ☑ 自然体の私を見つける「しないこと」リスト

自分に嘘をつかない。自分の気持ちに正直になる……26
怒りを抱く自分を嫌わない。そこに本当の自分が隠れているから……30
怒りを放置しない。怒りの居場所を作る……34
自分いじめをやめる「ハッピー・ナイス・サンキューワーク」……36
自分に「ない」ことを考えない。自分に「ある」ことを考える……42

咲けない場所に居続けない。向いている場所の見つけ方 …… 46
求めない。幸せの種は「素直な心」で見つける …… 52
「不満」「不幸」を嘆かない。「好き」「幸福」のヒントにする …… 56
他者に幸せの承認を委ねない。自分で「幸せの種」に気づこう …… 62

第2章

不自然から身を守る「しないこと」リスト

季節には逆らわない。冬から春へ、必ずリセットできるから …… 68
しんどいときにこだわりすぎない。「まいっか」を手に入れる …… 74
人を憎んで呪わない。許すのは自分の心を「ゆるませる」ため …… 80

悲しいことを悲しいままにしない。笑い話に変える …… 84
頭で考えすぎない。五感を光らせる「共感覚ゲーム」 …… 90
無理をしない。「休みなさい」という合図だから …… 94
悲しみに絶望しない。「うまくいってない」は運気上昇のサイン …… 98

第3章

自然体で生きる「しないこと」リスト

すぐに解決しようとしない。あえて「そのまま」に …… 102
不安をゼロにしようとしない。不安と共に生きる …… 106
すぐにジャッジしない。「わからない」を受け入れる …… 110

第4章

自然体で愛する者と関わる「しないこと」リスト

動き続けない。強制的な「休み」時間作り　116
「きっとできる」のメッセージを見逃さない。それは心の発芽サイン　120
無理に言葉にしない。理屈をつけない　124
相手に期待しない。変化は誰にとってもストレスになる　128
「よかれと思って」を押しつけない。過剰な期待に注意する　130
好きか嫌いかで人を選ばない。大切にされているかで選ぶ　136
「離れていく人」を追わない。縁があればまたつながれるから　138

嫌われることを恐れない。嫌う人もいて当たり前……142
相手に近づきすぎない。ほどよく離れることも意識する……146
防御力を鍛えない。回避力を鍛える……148

第5章

自然体で夢を叶える「しないこと」リスト

「いつか」と考えない。会いたい人には今すぐ会いに行く……154
夢を諦めない。夢のボールを未来に向けて投げる……158
世界を変えようとしない。自分を変える……164
「美しさ」が見えない心の状態を作らない。美しさは心が感じるもの……168

感謝を忘れない。「ありがとう」の循環が優しい世界を作る……172
おわりに……178

ブックデザイン　山之口正和＋齋藤友貴（OKIKATA）
装　　画　大白小蟹
本文イラスト　山口歩
本文DTP　エヴリ・シンク
校　　正　山崎春江
編集協力　友成響子（毬藻舎）
編　　集　大井智水

第1章

自然体の私を見つける「しないこと」リスト

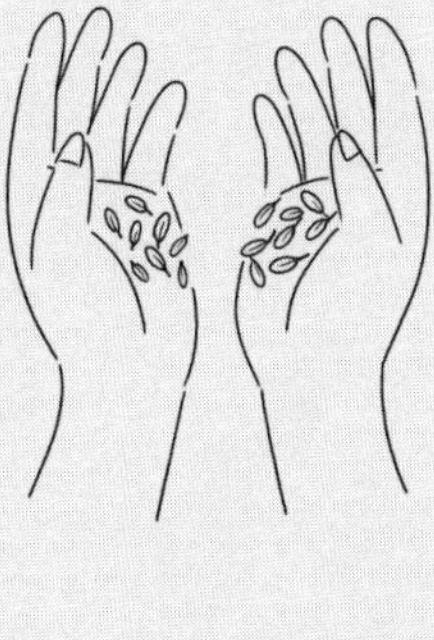

自分に嘘をつかない。自分の気持ちに正直になる

いつも周りの目を気にしていると、あなたはだんだん
偽物の自分になっていき、本当の自分を見失ってしまうよ。
もう自分に嘘をついていて自分を演じなくていいし
自分で自分を偽る努力はしなくていい。
胸を張って自分の人生を生きればそれでいい。

すぐに気持ちを切り替えられなくてもいい。
そのつどちゃんと傷ついて怒ったり泣いたりする。
無理に前を向かなくていいし
ポジティブを押しつける人の言葉も無視していい。
ゆっくり時間をかけて気持ちを切り替えればそれでいい。

我慢するのが当たり前っていう大人は、多いですよね。

子どもの頃から「我慢しなさい」と育てられてきた人。

ずっと周囲から「頑張りなさい」と言われながら過ごしてきた人。


あなたもその1人ですか？


ずっと「我慢して」「頑張って」生きてきましたか？

だとしたら、ここまで、よくふんばって生きてきました！

頑張ってきたあなたは本当にすごい！

人のために力を使うことができるあなたはきっと、とても優しい心をお持ちなのだと思います。

そのような優しいあなただからこそお伝えしたいのが、「我慢する」と「頑張る」の鎧のなかにある、あなたの正直な気持ちの取り出し方についてです。


自然体にリセットするために、最初に考えたいことは、自分の気持ちに正直

になること。

内側から湧き上がってくる感情をそのまま受け入れることと、自分に嘘をつかないことが何より大切なファーストステップです。

もしすでに、我慢することや頑張ることが癖になっていて、本心が見えにくくなっているとしても、**優しく本心をとらえ直せば大丈夫。**ゆっくりでいいから、無理はしないで。

もしあなたが、頑張りすぎて疲れたときやひどく傷ついた瞬間も、弱みを見せないことが周囲への優しさだと思って我慢してこれまで生きてきたとしたら、１人でずっとつらかったと思う。

そんなとても優しいあなたが、もっと大切にされてほしいなと思います。ほかでもない、**「あなた自身」が、あなたのことを大切にしてほしい。**

人に優しいのはとっても素敵だけど、自分を犠牲にしてまで無理しないこと。人に優しくするのは自分が優しさで満たされた後でいいのです。

他人を幸せにするのなら、まずはあなたが幸せになること。

優しさで満たされ、溢れた分で人に優しくすればいいのだから。


まずは、**自分の感情を「なかったことにしない」**ということ。

あなたが感じた悲しさや寂しさ、怒りの感情を我慢して、なかったことにしてしまうと、それらの感情は本当にあなたから消えてしまいます。

そのうちに、優しささえも。それがいちばん危険だなと思っていることです。


自分の心に嘘をついて、感情を隠すことに慣れてしまうと、傷つくのは結局「優しさを失った」自分だということを忘れないでくださいね。

しんどくなったら優しさの安売りはしないこと。優しさは本当に大切な人に使ってください。**その大切な人が、まずは自分です。**

☑

怒りを抱く自分を嫌わない。そこに本当の自分が隠れているから

自分の感情をごまかす習慣があると
本当に喜ぶべきときに喜べなくなり
幸せなときに幸せを感じられない心になります。
悲しむべきときにちゃんと悲しんで
喜ぶべきときにちゃんと喜ぶ。
怒ってもいいし、悔し涙を流してもいい。
泣いても笑っても怒っても悲しんでも全部ＯＫ。
全部自分なのです。

人に心配をかけまいと、自分は多少つらくても、その感情を見せないように

大丈夫なふりをしてしまう人は多いですよね。

とても優しい人なのだと思います。でも、その優しさの陰で、我慢して封じ込めてしまう感情がある。それが「**怒り**」の感情であるケースは多いようです。

優しい人ほど、怒りは「抱いてはいけない感情」「我慢すべきもの」と思い込む傾向があるのかもしれません。

でも、じつは、「怒り」こそ、もっともフタをしてほしくない感情です。

なぜなら、**怒りは自分の本心を教えてくれる大事な感情**だから。

心理学の世界では、怒りは「第二感情」であることが知られています。

ある感情が生じたときに（これを「第一感情」と呼びます）、その後に発生する二番目の感情が第二感情。つまり、第二感情である怒りの感情の裏には、別の（第一の）感情が隠されていることが多いということです。

たとえば、迷子の子どもを見つけたときに、「こら！　心配ばかりかけて！」と怒りの言葉をぶつけるお母さんの第一感情は、「不安で、とても心配だった」というものです。「こら！」という第二感情である怒りの感情は、子どもを発見した後から湧き起こったのです。

あるいは、家事を手伝おうとしない旦那に対して抱く怒りの感情の裏には、家事を担う自分へのリスペクトが足りない寂しさや、同じことを何度も言わなければならない残念な気持ちといった第一感情が隠れているかもしれません。

怒りの感情を糸口に、不安や寂しさ、悲しさ、苦しさ、戸惑い、恐怖……などの本当の感情が見えてくることがあります。

「なんだかイライラするな」と怒りがこみ上げる場面では、怒りの感情にフタをしてしまうのではなく、怒りという第二感情をヒントに、第一感情を探ってみてください。

リモコンの「消音ボタン」を押すように、頭のなかにうずまく怒りの声をいったんストップ。静けさを取り戻してから、心の奥底に潜む自分の本音は何か、心の底から届くSOSサインがないか、耳を澄ませて聴いてみて。

そして、**その気持ちを人に伝えるときは、第二感情の「怒り」のほうではな**

く、第一感情の「本心」の声のほうを届けましょう。

迷子の例なら、「もう二度と会えないかもって想像したらすごく不安で怖かったよ」。

家事の例であれば、「この前もお願いしたことだったから、聞いてもらえなかったのかなって、残念だな。次は気をつけてね」など。

怒りは、放置しておくとますますその勢いを強めていきます。台風をイメージしていただくといいかもしれません。

ですから、怒りの感情に気づいたときは、「こんなことでイライラするなんて」「私ってなんて性格悪いんだ」と自分を責めずに、**ぜひ本心のほうを見つめて、隠された感情をすくいあげて**みてくださいね。

☑

怒りを放置しない。怒りの居場所を作る

「怒り」と向き合うためのおすすめの方法は
「怒り」にも居場所を作ってあげることです。
居場所を与えられると「怒り」は
自分のことをわかってもらえたと安心して
おとなしくなるから。

怒りの裏には、自分が大切にしている思いが必ずあると前項でお伝えしました。その大切にしている思いを、傷つけられたり、雑に扱われたり、わかってもらえなかったりすると、それは自分自身の心の傷となってしまいます。
結果的に、怒りの感情が増幅してしまうのです。

みんな自分のことが大切。自分の気持ちをわかってもらいたいし、認めてほしいと願っているのです。**でもその思いは、行きすぎると怒りの刺《とげ》になり、そのまま周りにまき散らしては誰かを傷つけることになる。**

怒ってもいい。でも、その怒りをストレートに他者にぶつけてしまうと、大切な人との関係が崩れてしまいます。周囲と上手に付き合うためにも、怒りの「居場所」を作ってあげるということをぜひ、試してみてほしいと思います。

自分が「怒っている状態」とは、その裏にある大切な思いが行き場を失って、どこに向かえばいいか「迷っている状態」です。

だからこそ、「そうだったんだね」「その言葉に傷ついたんだよね」「あなたはこれが大切なんだよね」と1つひとつ時間をかけて丁寧に認めること。

そして、「怒って当然だよ。悪くないよ」と自分自身に伝えてあげてください。思いを認めるというその行為が、怒りの「居場所」を作ることになります。

怒りを迷子にしないことで、心は安心して歩むことができますよ。

自分いじめをやめる「ハッピー・ナイス・サンキューワーク」

まずは、自分がいちばん自分の頼れる相手になりましょう。
「相手」と「自分」の関係を気にするよりも
「自分」と「自分」の関係を気にしてみてください。

周りの人に対してはこの上なく優しく見える人が、自分自身のことを語るときはびっくりするぐらい鋭い言葉を使っていて、ドキッとしてしまうことがあります。

「どうせ自分なんてだめだ」
「自分には価値がない」

「愛されるわけがない」

他人に対しては、絶対にそんな強い言葉を使ったりしない人なのに。

自分に対しては、とんでもなく手厳しい。

あぁ、「自分いじめ」をしているんだなって思ってしまいます。

とっても悲しいけれど、**人は自分が我慢した分だけ、他人に対して不機嫌になる生き物です。**

だから、自分に嘘をついたり、自分を犠牲にしたり、自分を粗末に扱ったりしてしまうと、不機嫌が人にうつるだけでなく、大切な人との関係まで壊れることにもなりかねません。

だから、自分をいじめるのはもうやめましょう。

「いじめている」という意識がないから、自分でもすぐには気づけないんですよね。だったら「**いじめ**」**とは逆の、自分を**「**褒める**」**時間を意識的に作って**

みてください。自然と「自分いじめ」の習慣が抜けていくはずだから。

うちの家族で、日課にしているワークがあります。

夕飯のときにやろうと思いついて、今では毎晩恒例の時間です。

それは、**「今日1日を振り返ってみて、ハッピーだったこと、ナイスだったこと（頑張ったこと）・サンキューなこと（感謝したい出来事）」、この3つを1人ずつ話すという時間**です。

名づけて「ハッピー・ナイス・サンキューワーク」。

ポイントは、ほかの人が評価を決めるのではなく、自分が自分のことを「ハッピー」や「ナイス」と自己評価することです。

たとえば、うちの子の場合なら、「今日は本当は学校に行きたくなかったんだけど、行った。ナイス！」「いつもだったら我慢して言えなかったことを、今日は、嫌なことはちゃんと嫌だって友達に伝えられた。勇気を出して言いたいことをちゃんと伝えられた。そんな私に、サンキュー」という具合に。

それに対して、周りは全面的に肯定してあげる。

これを続けるうちに、大人も子どもも、自分を褒める力がグングンついていくなと実感しています。

ほかの家族の話を聞くことで、自分自身の振り返りにもなって、結果的に自分のいいところを見つけるのがさらにうまくなる。

普段なかなか言えないような話も、こういう場だと話しやすくなって、言葉にする力も養われるというメリットもあります。

自己評価をするときのポイントは、ハードルをうんと下げること。

こんなことで褒めてもいいのか、こんなことで幸せを感じていいのか、など感情のハードルを自分で上げないことです。

こんな小さなことでも幸せを感じられた、こんな小さな喜びを発見できたというように、小さなことに気づけた自分を全肯定してあげる。

自分の感情を粗末に扱わないことが大事。

大切な人と同じように自分のことも大切にしてください。
自分を大切な人のように扱い、自分と親友になってください。
「自分の『推し』は、いつだって自分」くらいの気持ちで接してみてください。

一人暮らしの人や、家族と離れて暮らしている人などなら、ノートや日記に書き出すのもいいですね。
もちろんSNSで公開してもいい。

言葉にすると、自分の感情を再発見できることってよくあります。
うまく言おうとしなくてもいいし、加工もしなくていい。
もちろん練習なんて必要ありません。
自分が感じたことは全部正解、全部OKの世界。

そういうスタンスで、思いを言葉にしてみてください。

私も日々のSNS発信を、そういう気持ちでやっています。

もうこれ以上、自分のなかの否定の世界を広げないように。

自分をたくさん認めて、「ハッピー」「ナイス」「サンキュー」と声をかけてあげましょう。

☑

自分に「ない」ことを考えない。
自分に「ある」ことを考える

ちょっとしたことで「幸せな気分になれる人」ほど
人生うまくいく。
小さなことでも喜べるから、大きなことでも喜べる。
小さなことでも喜べないから、大きなことでも喜べない。
でも振り返ってみると「小さな喜び」ほど
人生において「大きな意味合い」があったりする。
人生ってそういうもの。

いいことと悪いこと、楽しいこととつらいこと、あるものとないもの。
生きている日々のなかでは、明暗どちらのシーンに出合うものです。でも不

思議と思い出すのは、暗いほうの思い出だけってことはありませんか？

私も昔はそうでした。人の思考って、なぜか悪いことのほうに意識を持っていかれがちなんですよね。

長年の思考の癖だから、悪いことをふと思い出してしまうのは、ある程度はしかたない。でも、いいことも意識的に思い出してあげるだけで、心の明暗バランスがグッととりやすくなるなってことに気づいたんです。

それは決して、自分をごまかすことではありません。**実際に起こった「いいこと」にもっと目を向けてあげる**だけ。

放っておくと自分でも見逃してしまうような、誰にでもあるような些細《ささい》な幸せの種。それを発見してあげて、注目して、味わう。その練習を繰り返していくと、心は自然と幸福感で満たされるようになっていきます。

練習におすすめの時間帯は夜、眠る前の3分間。

たとえその日がどんなにつらくても、悩みを抱えていても、「今ある幸せ」を言葉にして（頭のなかだけでも）唱えてみてください。

・温かい布団がある
・家族がいる
・独り身の自由がある
・帰る家がある
・おいしいスイーツを食べた
・(今日はつらかったけど)心のなかには素敵な思い出がある
……などなど。
探してみると、あなたの周りにはたくさんのものが「ある」はずです。

たったの3分間。
「ある」ことだけを考える時間を寝る直前に持つことで、「**いろいろあったけれど、総じて見ると今日も悪くない1日だったな**」と、そんな感想が自然と心に湧いてくるように。そうなったらもう、「いいこと」に目を向ける思考パターンが習慣化されている証拠です。

翌朝はすっきりとした気持ちで目覚め、新しい気分で1日をスタートしましょう。

朝という漢字は分解してみると、「十月十日」と書きますが、赤ちゃんが十《と》月《つき》十日《とおか》で生まれてくるのと同じように、私たちも毎朝生まれ変わっているのです。

「毎晩眠りにつくたびに、私は死ぬ。そして翌朝目を覚ますとき、生まれ変わる」というガンジーの言葉があるように。

目が覚めたら、もうすでに新しい自分。

過去のしがらみ、昨日の悔しさ、悲しいことは全部リセットして、新しく生まれ変わった自分で今日を生きていきましょう。

☑

咲けない場所に居続けない。向いている場所の見つけ方

もっと手放すといいです。
自分には合わない人や、自分には合わない環境を。
あなたの人生において心を傷つけるものは必要ありません。

人の悪口や相手の欠点を
笑いにして盛り上がるコミュニティより
お互いのいいところを認め合える関係のほうがいい。
自己肯定感を下げてくるような人とは
一緒にいなくていい。

本当の自分、自然体の自分を見つけやすい場所というのがあります。

「自分の種」をどこにまくのか。

自分が輝ける場所ってどこなんだろう？

そのことに向き合ってみてほしいなと思います。

ある場所ではとても緊張して自分のことを素直に表現できない。

でも、環境を変えるだけで気持ちが一気に和らいでリラックスできる……。

とあるコミュニティにいるときはダメ出しばかりされるのに、別のコミュニティにいるときは「おもしろいやつだな」なんてからかわれつつも、愛のある褒め方をされる。

そんな経験はないですか？


この違いって一体何なのか？

自分は何１つ変わっていないのに……。

そう。あなたは変わっていない。

変わっているのは周りの「環境」だけというのがポイントです。


環境ってとても大事です。

それは畑仕事をしていても身に沁《し》みて感じることの1つ。

同じ畑のなかでも、奥のほうはよく育つのに、手前のこの部分はあまり育たないなんてことはよくあります。


同じ畑とはいえ土の状態は全部同じではない。

種まきの仕方や世話の仕方がまったく同じでも、不思議と違いが出てくるものなんですよね。


だからうちの畑では、多品目を少量ずつ育てる方針をとっています。

いろんな作物を、ちょっとずつ場所をずらして植え付けて、まずはこの土地に合う作物を探してみる。

さらに1枚の畑のなかで、作物を植え付ける場所をぐるぐると移動させながら、いちばん育ちやすい場所を見定める。

これをいくども繰り返しながら、それぞれの作物にぴったりの場所を見つけようとしています。

人も同じで、「自分の種」を自分が伸び伸び生きていけそうな環境にまくこと。

あなたがいちばん輝けそうな場所を見つけることが、その後の居心地をよくするための、大事な、大事な第一歩になると思います。

そのためにも、日頃からできるだけいろいろなところに顔を出すこと。

そして「なんか違うな」「自分はここでは輝けない」と思ったら、その環境からサッと離れる判断を下すことが大切です。

ちなみに、同じ土に同じ作物を植え続けると徐々に作物が育ちにくくなってしまう「連作障害」が起こることが知られていますが、自然栽培で畑をやっているとこれがほぼありません。

連作障害が起きるのは、化学肥料や除草剤、農薬を長年使い続けることで、土のなかに存在している、作物にとっていい菌と悪い菌のバランスが崩れてしまうから。

別の言い方をすると、土壌中の「多様性」が減ってしまっている状態です。

こうなると作物は、一度はうまく収穫できても、持続的に健康な状態で育つことができません。

自然栽培の場合は、むしろ菌を増やすことを大事にしていて、多様な菌が共存して生きられるバランスを保つことを目指しています。

そうすると、同じ畑でも永続的に健康な作物を育て続けることができます。

作物にとっても、人にとっても、「多様性」は大切なキーワード。

たとえば職場でも、同じ人と同じことばかりを繰り返していると、煮詰まったり、関係がこじれたりということがしばしば起こりますよね。

健全な畑に菌の多様性とバランスが欠かせないように、人が自分の居場所を見定めるときにも、その環境に「多様性があるかどうか」は、大切な視点じゃないかと思っています。

求めない。幸せの種は「素直な心」で見つける

実世界を作っているのはいつも自分の「心」だからね。
今あなたがどんな気持ちでどこに意識を向けて
どんなふうに考えてどんな状態でいるか。
つまり自分の「心」の状態が心の外側の「現実」を作っている。

おいしい食事という「現実」があるのではなく
「心」がおいしいと感じる食事をする。
楽しい会話という「現実」があるのではなく
「心」が楽しいと感じる会話をする。
幸せだから笑うのではなく、笑うから幸せになる。

目に見えているものに意味を与えるのは、私たちの「心」です。

私たちが望む、「楽しい」「幸せ」「美しい」「うれしい」などの心情も、心で意味を与えているからこそ感じられるもの。

必ずしも、目で見る現実を表しているとは限りません。

あらゆることは「心」が先で、現実世界は後からついてきます。

本来はこういう順番になっています。

目に見えている「現実」がすべてではないということ、そして「心」を優先させる大切さに、もっともっと気づいてほしいなと思います。

「心」の優先度が高いからこそ、「心」に素直になればなるほど、人生にはうれしい出来事が増えていきます。

増えていく、と言っても、それまでなかった幸せの数が増えていくわけじゃない。**幸せはもとからそこにあって、それに「気づける頻度」が増えていくと**

いうのが心のセオリーです。

幸せはすでにある。あなたのなかに、最初から。

「必要なものは全部すでにそこにある」というのは自然界も同じルールで、だからこそ畑にもよけいなコントロールなんていらないと思っています。

できるだけ人為的な手を加えず、あるがままの自然の恵みと野菜の力を素直に信じてあげる。そうするだけで、野菜自身に備わっている力が目覚めて、強くて立派な姿に育ちます。

人間にとっては、心の底から「おいしい！」と声を上げたくなるような野菜に。畑仕事を通じて、このことをしみじみと実感しています。

もし、今あなたが幸せじゃないと思っているのなら、それは心のレンズが曇っているだけ。

レンズを曇らせてしまうのは、不安や恐れなど、さまざまな要因があると思うのですが、その曇りを取り払ってくれるのが「心の声」です。

心の声を信じて、素直に耳を傾けるうちに、自然と幸せにピントを合わせられるようになる。ぼやけていた遠くの幸せ、かすんでいた近くの幸せがはっきりと見えてきます。

そしてレンズの曇りを作っているのが自分であるということに気づくことができれば、視点を変えることで自分でそれを消すことだってできるはず。それが自分自身で作り出した曇りであるからこそ。

うれしい出来事は最初からそこにあるから。

澄みきったメガネを、ぜひ素直な気持ちでのぞいてみて。

「不満」「不幸」を嘆かない。「好き」「幸福」のヒントにする

握りしめている「幸せの定義」を手放してください。
これが幸せと決めつけてしまうと
それがなくなった途端に不幸せになります。

幸せとは「条件つき」でもなく「交換条件」でもなく
「なんとなく」無条件のなかで感じるもの。

「幸せ」という言葉を持たない民族がいることをご存じですか？
でも、彼らはとても幸せに暮らしているそうです。

これは、アフリカ少数民族の写真を撮り続けている写真家のヨシダナギさんが「NewsPicks」の番組内で話されていたエピソードで、私がとても好きなお話の1つ。

文明社会とは距離を置き、自然のなかで昔ながらの生活を続けているエチオピアのスリ族は、自分の誕生日や年齢さえも知らないそう。

とても大らかで楽しそうに暮らしていて、満ち足りた表情をしている彼らに、ヨシダさんが「幸せの概念」について尋ねたところ、なんと「幸せ」という言葉を知らなかったのだそうです。

代わりに、返ってきたひと言がこれ。

「私たちは人と牛が死ぬこと以外は悲しくない。いつも楽しい」

つまり、彼らにとっては幸せなのは当たり前。だから「幸せ」という言葉なんてそもそも必要がないというわけなんですね。

自分に「ない」からこそ、言葉にして求めてしまうのが人間なのかもしれません。

私たちは幸せを当たり前のことだとは思っていないから、あえて「幸せ」という言葉を使いたがるのでは？

多幸感に包まれて暮らすスリ族に比べたら、文明社会に生きる我々はなんて不幸なんだ……！

なんて、どうか嘆かないでくださいね。

「不幸」がどんなものかを知り尽くし、「幸せ」という言葉を持つ私たちだからこそできること。

それは、心の内側に生じる言葉から、「本当の願望やなりたい自分」を探ることです。

ときには「不満」や「不幸」も本音を知るヒントになります。

言葉の力って不思議です。

言葉にすると、その言葉が持つ世界観に心が引っ張られていきます。

日本ではこれを「言霊《ことだま》」とも言いますが、「マイナス」の言葉を「プラス」の言葉に転じてみると、心の状態を自在に引き上げることもできる。

その性質を逆手にとって、心にマイナスの言葉が浮かんだときこそ、自分の本心を知るチャンスと思ってくださいね。

そして、これからご紹介する**意識的に言葉をプラスにひっくり返して言ってみる**という方法をぜひ試してみてほしいと思います。

言葉を手がかりに、自分の真の願望に気づきやすくなりますよ。

たとえば、「私は不幸だ。誰からも認められない」というボヤき言葉が心に浮かんだときは、いったん全部プラスに変えて言ってみる。

同じことをプラスにひっくり返せば、「私は幸せになりたい、人から認められたいと思っている」になります。

本当の願望はそっちなんだとわかります。

「あの人ばかり人生がうまくいっていてずるい。仕事も楽しそうで、尊敬し合えるパートナーがいて、友達もたくさんいて……」

なんて、他者をうらやむような思いが芽生えたときも、同じようにひっくり返してみる。

そうすると、

「私は自分の人生がもっとうまくいってほしい。楽しく仕事をしたい。尊敬し合えるパートナーがほしい。友達がほしい。じつは私は寂しいと感じている」

といった本心の気づきが得られるかもしれません。


「本当はこう思う」

「本当はこういうことに憧れている」

「本当はこれがほしいと思っている」


そんな本心に気づくことが、「自分の種」を見つけるための第一歩。

マイナス言葉を並べて、ボヤいてばかりではなかなか気づけません。

あなたはあなたの発する言葉に影響されます。
あなたがあなたの声をいちばん近くで聞いているからです。
せっかくなので、いい言葉を使ってくださいね。
マイナスな本心よりも、プラスの本心を言葉にしましょう。
幸せな言葉や素敵な言葉を選びましょう。

☑

他者に幸せの承認を委ねない。自分で「幸せの種」に気づこう

幸せは追いかけると逃げていくよ。
幸せはどこか遠くにあるものではなく
自分の心のなかに静かに存在しているもの。
頬をなでる風の香りを感じたり
一歩を踏み出す足の感触を感じたり。
そういう心が震える小さな喜びほど
人生において大きな意味合いがあるんだ。

幸せになりたいですか？
そう聞くと、皆さんの答えはきっと「Yes」ですよね。

でも、どうして自分は幸せになりたいのか？　どうしたら自分は幸せになれるのか？　この質問の答えは、人によってさまざま異なるかもしれません。

「幸せを生み出す幸せの種は、いつも自分のなかにある」というのが、私の持っている答えです。

自分だけが自分のことを幸せにできる唯一の人。そのためには、自分で自分のことを知ること。それが幸せになるための第一歩になると信じています。

たとえば、「自分は価値のある存在だと人から思われたい」「人から認められたい」という、いわゆる承認欲求にまつわる悩みをよく耳にします。

人に承認を求めている状態で、それが得られずに苦しんでいる。

けれど、承認を他者に求める必要なんて本当はないんじゃないかと思うのです。**本来の「承認欲求」というのは、他者からではなく、自分自身から認めてもらいたい欲求だという説があります。**

・話を聞いて、気にかけて、かまってほしい

・褒めて評価して肯定してほしい
・苦労や苦しみをわかってほしい

これらの欲求を、いくら他者から満たして与えてもらったとしても、最終的に「自分」が自分のことを認めていなければ、他者の言葉もあなたの心には届きません。届く前に自分で自分を否定してしまうからです。

心の門番はいつだって自分なのです。

逆に言えば、自分で自分のことを認められさえすれば、他者からの承認は必要なくなる。そうなれば、自己アピールなんて不要です。

満たされて幸せな人は他者の承認を必要としないけど、満たされていない人ほど誰かの承認を必要とする。

お金があると心の底から思って自己肯定している人は、お金持ちアピールをしません。自分は仕事ができると心から思って自分を信じている人は、仕事ができるアピールをしません。

幸せだと感じている人ほど、幸せアピールをしないのです。

ちょっと厳しい言い方かもしれませんが、「幸せになれない」と嘆いている人に限って、何が自分を幸せにするのかを知ろうとしていないために、他者に幸せを丸投げしていたりする人が多いようにも思います。

人から与えられるのを待っているだけでは、心からフィットする幸せはやってこない。幸せは、他人からの評価や、何かの結果を残したご褒美として受け取れるものじゃありません。

自分で「幸せとは何か」を見つけること。ヒントを見つけたら、幸せになるように自分自身の手で育てていくこと。

それが何より大切な幸せの秘訣《ひけつ》なんじゃないかと思っています。

第2章

不自然から身を守る「しないこと」リスト

☑

季節には逆らわない。冬から春へ、必ずリセットできるから

何をやっても「うまくいくとき」と
何をやっても「うまくいかないとき」があるように
自分の心にも
冬の時期があれば、夏の時期もある。
一喜一憂することなく
「人生にも四季がある」くらいに思うといいです。

「もう何もかもがイヤ」「生きる気力が湧かない」

誰にだって、そんな暗くて重いどん底な気分のときがありますよね。

私にもあります。

正確には、ありました。

まるで心に冬が訪れたような時期が。


実際、そのときの季節も冬でした。

八ヶ岳で畑をしようと引っ越してきてすぐの年、畑の仕事が軌道に乗っていない状況下で冬を迎えたのです。


積雪もあるため畑仕事はすべてストップ。

頼れるあてもなく、収穫も収入も得られない期間がとてつもなく長く感じられて、暗闇に包まれたような精神状態が続きました。


暗いトンネルのなかにいるときって、本人からは出口が見えづらい。

このままもう出口がないんじゃないかなんて、悪い想像ばかりしてしまうんですよね。

でも、当時、**結果的に私が救われたのは、冬が終わって季節が春に変わったから**でした。

春になってまた種まきをして、作物を育て、収穫して次の季節を迎える。

種をまくとは、私にとって「希望」であり、明日を「信じる」ということでした。

そうやって季節ごとにリセットしながら、ときには台風や嵐に翻弄されながらも、季節は巡って再び冬を迎え、そののちに必ず春がやってくる。


冬は絶対にやってくるけれど、春が来ない年はない。

単純なようだけど、この繰り返しが自然なんだ。

それって人生もまったく同じじゃないか！

畑仕事をしている最中に、そのシンプルな真理にハッと気づきました。

それ以来、畑仕事でも人生においても土台にしている考え方です。

もともと、日本人の文化には、自然界の循環する思考が生活に根付いていると思います。

人は「生」から「死」に向かって、片道切符のように直線的に生きているのだ、という考え方よりも、**少し進んだらリセットしながら螺旋《らせん》を描くように毎日を過ごす**……というような時間感覚を持っているように感じています。元号もそうですね。

古くから日本にある風習に、「お日待ち」「月待ち」というものがあります。お日待ちとは、日の出を待って拝むこと。太陽の恵みに感謝し、五穀豊穣や無病息災等を祈る神事です。

そして、月待ちとは、月が昇るのを待って多くの人々が集まり、お供え物をしたり拝んだりする行事のこと。

「待つ」という行為には、必ず来てくれると信じている前提があるように思います。**必ず巡ってくると信じているから、待てる。**

季節が巡ってくるのを待つ、お日様が出てくるのを待つ、お月様が出るのを待つように、心のなかではきっと来ると信じている。決して流れが止まることのない自然の大いなるリズムの中で生きているから、私たちは「待てる」のです。

また、「禍福は糾《あざな》える縄の如し」ということわざがあります。

幸せや不幸はより合わせた縄のように交互にやってくるという意味ですが、これもまた1つの真理。幸せの後にいつも不幸がやってくるとしたら困ってしまいますが、そんなことはありません。

少なくとも、不幸だと思っている期間を引きずりすぎることなく、もっと軽やかに次の幸せのフェーズに移行できるといいんじゃないかなと思います。

そのためには、**実際の季節を1単位として、季節ごとに自分の感情をリンクさせていく。季節がリセットするのと同じように感情もリセットさせる**ように過ごすのもおすすめです。

たとえば、春に生じた悲しみの気持ちを、夏には持ち越さないようにする。

秋に抱いた不安を、冬には持ち越さないようにする。年の瀬には「いったん終わり」「今年は今年」と考え、新たな気持ちで翌年を迎える。

折々の季節の変わり目が来たら、感情をリセットする習慣を持つ。

これだけでも、心はグンと軽くなるはず。

人の悩みというのは、時間をかければかけるほど、難しく、重たく考えすぎてしまう傾向があるものです。小さな心配事を放っておくと、勝手な思い込みで不安を増幅させてしまいがちです。

季節が巡るように、人生の流れというものは必ず変わります。

あなたが感じている悲しみや苦しみは、永遠には続きません。

大丈夫、大丈夫。

明けない冬はないのだから。

しんどいときにこだわりすぎない。「まいっか」を手に入れる

「まいっか」と執着しない心は
全員早急に身につけるべきスキルです。

・執着するから苦が生まれる
・完璧を求めすぎると人生消耗する
・流れに身を任せる生き方もある
・心のモヤモヤは体に毒

「大切」には、「切る」という字が入っている。
執着を「切ったとき」に
「大きなもの」が手に入るのです。

「まいっか」は、執着を手放したいときに使える、魔法のような言葉だと思っています。

皆さんのお悩みを聞いていると、**心のしんどさは、何かに執着するから生まれる**ことが多い気がします。


「必ずこうでなくちゃ！」

「絶対にあれがほしい」

〝必ず〟とか〝絶対に〟とか、自分をしばりつける縄が強ければ強いほど、それが叶わないときに、苦しくなってしまう。


縄がほどけなくなって、ときには絡まって、抜け出せなくなって。

そもそも何のために、そんなに執着していたんだっけ？

それさえもわからなくなり、気づいたら漠然とした「しんどい」という闇にのまれていた……。なんてことはありませんか？

そんな状況を断ち切りたいときは、今日から「まいっか」を口ぐせにしてみましょう。

何かに執着しそうになったら、どんな状況であれ、とりあえず「まいっか」とつぶやいてみる。

これだけで、不思議なほど、こだわりを手放しやすくなります。

「まいっか」のひと言は、執着していたことを上手に「諦める」ためのスイッチボタンを押してくれる。そんな魔法の言葉だと思います。

「諦める」って、とくに頑張り屋さんが多い日本ではマイナスイメージにとらえられがちですが、じつはとても前向きな行動だと思います。

「諦める」の語源は仏教で、「明らかに見極める」という意味だそう。

つまり、物事のあり方を「明らかに」することで、手放すことを選択するという意味。

「まいっか」という楽観的な響きと相まって、口に出してみると、明るい気持ちで諦めがつくような気がしませんか？

とはいっても、誰にも「これだけはゆずれないぞ」という、邪魔されたくない大切な領域だって、きっとありますよね。

「まいっか」なんて思えない、こだわりの領域が。


私の場合、それは畑での種まき。種まきの作業は想像以上に細かく、精神統一しながら格別の集中力が必要で、誰にも邪魔されたくない大切な時間です。

しかし、そういうときに限って、子どもたちの横ヤリが入ります。

「おてつだい」とは名ばかりで、やんちゃ盛りの子たちに手伝わせると、種をつぶしたり、植えたばかりの種を掘り返したり……。

なかなか思い通りにはいきません。


こういう状況のときこそ、「まいっか」の力を借りたいところなんですが、それでは足りないというときは、**プラスアルファの意味づけ**が必要です。

私の場合は、「今は種まきはやめとけ」というメッセージだと思って、諦めて別の時間に仕切り直すことにしています。

あるいは、「欲を捨てよ」というお天道様からのメッセージと受け取ります。

しんどいときこそ、「休みなさい」というメッセージなのかもしれません。

そのときどきに心に湧いてくるメッセージに、ちゃんと従う。抗《あらが》わない。

完璧を求めすぎると消耗してしまうので、そんなふうに自然の声を聞き、流れに身を任せることも大切にしています。

浮世絵師の技法に「一色抜く」というものがあります。「一色抜く」とは、最後に一色を加えれば作品が完璧に仕上がるというとき、あえてその色を加えず一色抜いたままで完成させる技法のこと。

俳句は言葉を省略しながら自然の景色を切り取る、世界一短い詩ですね。

日本料理は食材の味を引き出すために、味を加えすぎないようにして作られます。

茶道は装飾を省き、侘《わ》び寂《さ》びの世界観を生み出そうとします。

「何をするかではなく、何をしないか」。それが日本の美しい文化であり美意識なのかと思います。

つい完璧を求めすぎているなと感じたら、足し算ではなく引き算の思考を取り入れてみるのもいいかもしれませんね。

☑

人を憎んで呪わない。許すのは自分の心を「ゆるませる」ため

どうしても許せない人がいても、サッサと忘れること。
相手を許さないで負の感情を抱き続けるほど
あなたの心に幸せが入ってくるスペースがなくなります。
いつまでも恨み続けていると、過去の嫌な記憶は
あなたの大切な未来までも傷つけてしまうもの。
相手のためではなく、「自分のため」に忘れるのです。

前項でお話しした「まいっか」の心は、人間関係でも大切にしたいもの。
相手の態度にちょっとくらいイラッとしたときでも、「まいっか」という言

葉の魔法を身につけておけば、変に深追いせずに、受け流せることも多いものです。

けれども、**人と人との関係がさらにやっかいなのは、「恨み」や「怒り」といった過去のマイナス感情を引きずる場合がある**からです。

行きすぎると、相手の成功を素直に喜べなくなってしまったり、逆に不幸を喜んでしまったりすることも。

しだいに、「憎しみ」や「呪い」といった不幸を招きかねない心情へと発展していきます。

「好き」と「嫌い」は表裏一体。どちらも相手に何かしらの執着が働いているがゆえ。

そんなときは、まず、相手へのジャッジを手放してください。**執着しているから、苦しくなる**のです。

「好き」「嫌い」も「良い」「悪い」も、すべてのジャッジをやめてみるのです。

誰のために?

自分のために、です。

「ジャッジする」という矢印が相手に向かっている限りは、自分の心が締め付けられるばかりで、苦しさからは永遠に解放されません。

そして、相手に対する負の感情で心がいっぱいになってしまうと、あなたの心に幸せが入ってくるスペースがなくなります。

どうしても許せない相手へのジャッジを手放して、「相手を許す」こと。

そうすると、何が起こるか?

自分の心がゆるんで、とにかく楽になります。

「**リラックス**」**の語源は、ラテン語の**「**再びゆるめる**」からきているそうです。

許せない気持ちでいた自分の心を、再びゆるめて楽にしてあげる。

相手に向かっていた矢印を、自分に向けてあげる。

すべての目的は、あなた自身のメンタルをほぐすことです。

私の場合は、どうしても許せないと思うような相手に出会ったとしても、「ジャッジを手放す」ことと「自分をゆるませる」ことに集中しているうちに、自然に笑い話として家族や第三者に話せるようになります。

そして、**笑いに変わった部分で「終わったな」と思える。その時点で、過去の恨みや怒りの感情は完全に昇華してなくなっています。**

笑いは究極のリラックスですから。ゆるんだ証拠ですね。

「笑いに変える」ための、ちょっとしたコツについては、次項でご説明したいと思います。

☑

悲しいことを悲しいままにしない。
笑い話に変える

チャップリンの名言
「下を向いていたら、虹を見つけることはできない」
を心のお守りにするといいです。
悲しみや苦しみはいつまでも続きません。
今が土砂降りの人は空を見上げてみて。
きっと虹が輝いているから。

心をゆるませるために、「笑い」が必要というお話を前項でしましたが、どうやったら笑い話に変えることができるのでしょうか？

コツは、**今直面している悲しいことやつらいことを「直視しすぎない」**ことだと思っています。


不幸なことが起こっている最中は、なかなか物事を俯瞰《ふかん》して見るのは難しいと思うかもしれません。

それが、自分にとって身近な出来事であればなおさらのこと。

でも、ほんのちょっぴりでもいいんです。

「これを笑い話に変えるにはどうしたらいいかな？」

と、視点をずらす時間を作ってみましょう。


本章の最初の項で、私自身の「冬の時代」の話をしましたが、もう少しだけ自分の話をさせてください。

当時、とくに都会を飛び出て八ヶ岳に移住してからの私の数年は本当に厳しい状況で、この世の終わりじゃないかというほどの絶望感に襲われる日々でした。

農業経験があるわけでもないのに、自然栽培でやりたいというこだわりだけは強く持っていた私。

そんなよそ者を、地元の方々が快く受け入れてくれるはずもありません。

周囲の畑は雑草が取り除かれてきれいに整えられているのに、私のところだけは雑草が生え放題。

作っていた米が実りもしないときから、「お前のところの米はおいしくないと思うよ」と言われ続けましたし、「病気でもうつされたらたまらない」と煙たがられることもありました。

土地自体もなかなか貸してもらえない。

とにかく障壁ばかりで、怒りや悔しさで胸がいっぱいだったし、心が深く傷ついてもいました。

傷つきながらも、私は心の片隅で「**この経験を、いつか絶対、笑い話に変え**

てやろう」と考えていました。

そして笑っている未来のイメージを具体的に心に浮かべていました。

「意地悪を言ってくるあの人が、私のお米を口にしてみたらおいしすぎて腰を抜かしているイメージ」

「私が育てた作物が大人気になり、注文が殺到してうれしい悲鳴をあげているイメージ」

などなど。

怒りや悔しさに真正面から向き合う時間を減らして、明るい未来のほうを見つめる時間を増やすように意識して過ごしてみたのです。

そうしているうちに、いつの間にか理想としていた自然栽培での農業が軌道に乗りました。

喜んで食べてくれるお客様が増え、全国からうれしい感想をいただけるように。

自分たちで食べてもおいしいと思える自信作が収穫できるようになりました。

今はもう、「あの頃は本当に大変だったね！」と家族で笑い話のネタにできるようになっています。

「人生は近くで見ると悲劇だが、遠くから見れば喜劇だ」

これもチャールズ・チャップリンの、とても好きな言葉です。

私自身も、もし当時、つらさと真正面から向き合っていたら心が折れていたかもしれないなと本気で思います。

つらさから目をそらしたからこそ、やり過ごせて、前に進めた。

理想の未来に向かって行動して、進むことが大事なのであって、心が折れている場合じゃない。

傷ついている時間がもったいないです。

そうやって歩んでいけば、どんなにつらいエピソードでも「喜劇」にできる。

そのうち絶対に、「こんなことがあったんだけどさぁ」と、笑顔で話せるようになりますよ。

☑

頭で考えすぎない。五感を光らせる「共感覚ゲーム」

人は不思議なもので、「考える」とネガティブになり「感じる」とポジティブになります。

まだ起こってもいないことを頭で難しく考えるからメンタルが落ちるのです。

頭で考えず感じるままに生きること。

自分の目や耳をちゃんと信用すること。

自分の「心」に素直に耳を傾けることです。


もし、**あなたが「生きる意味」を考え始めたら、そのときは疲れているんだな**と思ってください。そして考えることを、いったんお休みしてみて。

疲れているときほど、思考はネガティブに向かいがちです。ありもしない不安ばかり溜《た》めてしまう。深刻になりすぎても、いいことって何1つ起こらないですから。

過去や未来のことを考え始めてしまったときも要注意。

過去のことを考えすぎると「執着」がエスカレートするし、未来のことを考えすぎると「不安」が広がる一方です。僧侶である枡野俊明《ますのしゅんみょう》氏が書かれた、『心配事の9割は起こらない』という本がありますが、そのタイトルにあるように、心配事をいくらふくらませても、現実には心配しているようなことはほとんど起きないばかりか、疲労だけが増えてしまいます。

そんなときに大切にしてほしいのは、**「考える」**よりも**「感じる」**こと。「考える」ことの時間軸は未来にも過去にも伸びているけど、**「感じる」ことができるのは「今」の一地点のみ。**だからそれ以上悪くならないんです。

窓の外の自然に耳を澄ませて、「風が吹いているな」「雨が降っているな」「遠くで子どもが遊んでいるな」……といった事実だけを並べて感じてみる。

そうすると、ありもしない不安を考える隙間がなくなって、心が落ち着いてきます。私は畑でいつもそうやって、今目の前にあるもの、触れているもの、見えているものに意識を持っていき、「感じる」ことだけに集中するようにしています。

「感じる」力を磨くために、おすすめしたいのが「共感覚ゲーム」というもの。これは、視覚と聴覚、視覚と味覚など、いわゆる「五感」のなかで別の感覚どうしをつなげて遊ぶ、感覚を使ったゲームです。

たとえば、「黄色ってどんな音がするだろう?」「白はどんな味?」というふうに。目に見えるものから想像を広げ、「あの雲は重いのかな、軽いのかな?」「どんな味がするんだろう?」「叩《たた》いたらどんな音がする?」などと連想してみるのもいいですね。

答えに正解はありません。ただ感じたことを並べてみて。

普段、「感じる」よりも「考える」頭のほうを多く使っている人にとっては、最初は難しく感じるかもしれませんが、リラックスすると言葉がぽんぽんと浮かんでくるようになりますよ。

そうやって「感じる」の比率を増やしていくうちに、頭で「考える」よりも、「感じる」ことの解像度が上がっていくはずです。

このゲームは「直感力」を高める効果もあると思っています。

直感って不思議ですよね。なんとなく嫌だなと感じる人だったり、あまり心地よく思えない場所だったり。その感覚が当たっていることって多いと思いませんか……？　実際、あなたの直感はほぼ当たっています。大切なのは、その感覚を信じるか信じないか。

直感とは、まさに「感じる」感覚そのもの。「心から発せられた素直な声」とも言えます。そこに背を向けて進んでしまうから、無理が生じるのです。

無理をしない。「休みなさい」という合図だから

みんな、ちゃんと夜に眠れていますか？　休めていますか？
人に「優しくできない」のは
あなたの性格が悪くなったからではなく
頑張りすぎているからです。
「睡眠不足は優しさを削る」は、この世の真理なのです。

人に優しくできないとき。
それはきっと、「休みなさい」という合図です。

あなたの目の前に広がる現実世界は、まさに、あなたの心模様を映し出す

鏡。余裕がないときは「他人の嫌なところ」が見えてきて、余裕があれば「他人のいいところ」が見えてくる。

不思議だけど、世界はそんなふうにできています。

だから、ある日突然、周りのすべてが意地悪に見えたとしても、世界が一変したわけじゃないし、もちろん自分の性格が悪くなったわけでもない。

それは、ただ現在のあなたの心の状態が疲れているというだけ。

世界も他人も、ましてや自分も何も変わっていないと思えれば、少しは気が楽になれそうですか？

そんなときは、おいしいご飯を食べて、ゆっくりお風呂に入って、さっさと寝ること。そして、ぜひ**「呼吸」を意識してみて**ください。

「息」は「自らの心」と書きます。

息を大切にすることは、自分の心を大切にするということです。

心に余裕がないときこそ、深呼吸をしてみましょう。

大事なのは、吸う息よりも、吐く息です。息を吸っている時間よりも、息を吐いている時間を長めに意識してみてください。

まず息を吐いてみて、肺が空っぽになるように意識してみてください。

そして、その空いたスペースを新しい酸素で満たすように。

肺がリフレッシュしたら、次は心の番です。

頭のなかを換気するように。感情も入れ替えてみて。


本当にメンタルが強い人は、泣かない人でも、心が折れない人でも、弱音を吐かない人でもありません。

どんな状況に陥っても、ちゃんと自分の弱さを認められて、自分の心を「整える」ために何をしたらいいかがわかっている人のことです。

自分の弱さを受け入れられるから、泣いた後でもまた笑える。

炎のゆらぎ、木々のゆらぎ、風のゆらぎ。自然界にもゆらぎがあります。

木は風を受けたときに、真正面から抵抗しない。いちいち抵抗していたら、すぐに枝が折れてしまいます。

しなって、ゆらいで受け止めるから、風がやめばまた元の姿に戻るのです。

どんなに強く太い幹を持った大きな木でさえ、風が吹けば揺れ動くのと同じように、ゆらぎがある状態が自然であり、むしろ健全であると言えます。

これは自然界のみならず、私たちの心も同じ。

1日を通してみても、朝と夜では気分の浮き沈みもあれば、気持ちが揺れ動くこともある。

1日のなかだけでなく、1週間、1か月、1年を通してずっと同じなんてことはない。

私たちは自然の一部であると同時に、自然もまた私たちの一部だということ。

ダメな日は何をやってもダメなんです。

そんな日は「頑張らない」という選択ができる自分になること。

無理せずに、とりあえず休んでみて。

自分のペースでゆっくり歩めば、それでいいんだよ。

悲しみに絶望しない。「うまくいってない」は運気上昇のサイン

より高く跳ぶためには、その前に一度大きく屈《かが》むもの。
だから今迷走している人、不安で押しつぶされそうな人
大丈夫です。
それはもうすぐあなたにも幸運が訪れるという予兆なのです。
人生の流れは必ず変わります。

より高く、遠くにジャンプするためには、その前に一度大きく屈む必要がありますよね。
猫がぴょんと跳ぶときの、あの動きです。

人生も同じで、大きく運気が上昇するときというのは、その直前にちょっとした凹《へこ》みが訪れることが、不思議とよくあります。「うまくいきそう」という予感というより、むしろそれは「うまくいっていない」と感じることかもしれません。

人生は四季のようにバイオリズムがあるという話をしました。

そう考えると、**人生において運気が上昇しているときというのは、調子がいいときというよりは、むしろ不安や焦りを感じているときであることが多い**のです。幸せに向かって、より大きな変化に向かって、準備をしているときなのですから。

たとえば、不安や焦りに押しつぶされそうになったり、結果が出ずに迷走しているように見えたりするとき。

もしくは、なんとなく調子が悪いなと思えるとき。

これらはじつは、大きな幸せという変化を迎える前に、運命が準備をしているサインであることが多いのです。

大抵の人は、無意識レベルでも、「変化」を不安なものとして感じます。
そして、変化がなく安定しているときほど「安心」を感じるものです。

生き物としては、変化すること自体が危険と隣り合わせでもあるので、生存本能的にも不安や恐怖感を覚えてしまうのは自然なこと。
人との別れや新しい人間関係の始まり、引っ越し、転職といった変化に対して、人間の脳がストレスを感じるのもそのためです。

変化のプロセスが喜びに溢れた心情ではなく、不安を感じるのは自然なことだと、気を楽に持ってくださいね。

うまくいっていないと感じるときこそ、人生の流れが変わるとき。
新しいことがこれから始まるよという幸運のサインなのだから。

第3章

自然体で生きる「しないこと」リスト

☑

すぐに解決しようとしない。あえて「そのまま」に

今すぐ解決しなきゃと思うと苦しいけど
今すぐ解決しなくてもいい、という考えも持っておく。
大いなるものにお任せする
という他力が必要なときもあるのです。

何か問題が起きたとき、「すぐに解決しよう！」と思っていませんか？

答えがはっきりと見えていて、解決しやすいことならすぐに解決したらいいのです。

でも、**大抵の問題は、すぐに解決できないことのほうが多い**のではないでしょうか。

その問題が生じた背景が複雑で、糸が複雑に絡まっているように見えるなら、なおさらのこと。そういう場合は、あえて「そのまま放っておく」という選択肢があることも、忘れないでほしいなと思います。

時の流れが解決してくれる「時間薬《ときぐすり》」とはよく言ったもので、「そのままにしている時間」には、本当に薬みたいな効果があるなと感じています。

解決するために何かアクションを起こしたわけではないのに、ただ問題を放っておいただけなのに。とりまく環境が変化したり、新しいご縁が生まれたり、誤解や勘違いが判明したり……。

それによって、するりと問題が解決することが実際にある。

糸が複雑に絡まっていればいるほど、ゆるんでほどけるまでには時間がかかるのは当然。でもなぜか、自然にほどけるときが必ず来るようにできている。

自分ではコントロールできない、「大いなる力」と呼びたくなるような力が

この世界では働いていると思うから。

その力に「お任せしよう」というスタンスで、気楽に放っておくと、案外うまくいくことって多いんです。

私はこのことに畑仕事を通して気づきました。

うちの畑で取り組んでいる自然栽培では、農薬や化学肥料を使わずに作物を育てるのが特徴です。

もちろん、私が自然栽培を選択しているというだけで、農薬や化学肥料を悪だと思っているわけではなく、無農薬や無肥料が絶対にいいと思っているわけではありません。

ただ、この農法と向き合っていると、作物そのものが持つ「生命の力」、そしてコントロールできない「お天道様の力」というのが本当に偉大で、「**そのまま**」**でも十分強い**、ということを実感するのです。

「すぐに解決しない」「天(自然)に任せる」こと。

農業から学んだこの知見を、私は畑仕事ではもちろん、普段の生活やSNSでの発信、カウンセリングなど、あらゆることで大切にしています。

どんなことでも「天に任せる」という姿勢で取り組み、問題が起きてもすぐに答えが出ないときは「解決しない」ことを、とにかく徹底してやってきました。

自分から特別、戦略的に仕掛けたというわけでもなく、いつの間にかあちこちで芽が出たいちばんの理由が、じつは、この「解決しない」という自然体のスタンスで臨んできたおかげなんじゃないかなと、後から振り返ってみればそう感じています。

不安をゼロにしようとしない。不安と共に生きる

不安を抱いているとき

その「不安」はあなたが「不安」だと受け取っただけで
他の人から見れば、何でもないこともある。

不安を作り出すのも自分自身であり
安心を作り出せるのも自分自身。

不安や安心というものは
きわめて主観的なことなのです。

前項でお話ししたように、「コントロールせずに、自然に解決するときを待ちましょう」と言うと、**解決するまでの待っている期間が不安**だという声が聞こえてきそうですね。

実際、私も農業を始めたばかりの頃は、種をまいた後もちゃんと芽が出るのだろうか？　芽が出ても無事に育ってくれるだろうか？　順調に育っていてもちゃんと実をつけるのだろうか？　……と、不安を挙げ出すとキリがない状態でした。

それらの不安は、今でもまったくなくなったわけではありません。

私にも未解決の問題がたくさんあります。

でも、不安に押しつぶされそうになったり、苦しくなったりしないのはなぜなのか？

それは、**「不安をゼロにするなんて不可能」**と、諦めているからです。

たとえば、虫食いをゼロに近づけたいために農薬を使うこともできますが、農薬を使わなかったとしても、多少は虫に食われたとしても、作物が生き延びられなくなるほどひどい虫食いになることはありません。

多少なら虫食いもしかたない。
それで作物が死んでしまうわけではないし。
虫食いをゼロにするなんて、そもそも不可能なんだし。
……私はこっちの考え方を選ぶようになりました。

人生においても、「**生きる不安をゼロにすることなんて不可能**」と諦めてしまうと、途端に気が楽になりますよ。
作物が多少の害虫とは共存して育つことができるように、人間にだって本来は心の内に少しくらい不安があっても生きていける力が備わっている。

そもそも、害虫を害虫として設定しているのは私たち人間です。
自然界からすると、益虫も害虫も、同じ虫であり、そこには善悪はありません。この世に生まれ、生きている我々人間と同じ生命体です。

それなのに人間の都合で害を及ぼす虫を害虫とし、人間の暮らしにとって利益をもたらす虫を益虫とするのは、私たち人間の「こうありたい」という理想を押しつけることで生まれた問題のように感じます。

つまり「問題」は、人が勝手に作り出しているだけ、ということにたどり着きます。


わざわざ「不安」を生み出す必要はない。

「不安」をゼロにしようと一生懸命に頑張らなくていい。

あなたはそのままでも十分に生きる力を持っている。

不安をなくす努力をするのではなく、**不安と共存しながら楽しく生きていく道も探ってみて**くださいね。

☑

すぐにジャッジしない。「わからない」を受け入れる

日本には「八百万《やおよろず》の神」というほどたくさんの神々が存在します。
それは、「真実も神も1つではない」ということ。
「わかった」なんてない、ということ。

私が信じていることも真実。あなたが信じていることも真実。
見る角度が違っただけで、感じたことならすべて正しいという優しく融和的な概念なのです。

幸せについても、固く考えすぎず、もっとゆるく考えていい。
「なんとなく」を大切にすることが、長く楽しく生きるコツです。

問題が自然に解決するのを待つ期間には、不安がつきもの。だからこそ、不安をゼロにしようとしないことが大切なんだというお話をしました。

さらにもう一歩、楽な気持ちで過ごすためのコツがあります。

それは、**すぐに善悪をジャッジしない**こと。

物事に対して、即座に白黒つけたがる人って身の回りにいませんか？　ひょっとすると、あなた自身がそうですか？

遠慮のない身近な人どうしほど、善悪の評価をすぐに与えたくなったり、ズバッと真実を見抜いたようなことを言いたくなったりと、〝ジャッジ合戦〟になってしまうなんてことも、しばしば起こりがちですよね。

原因や理由を見定めていち早く安心したいがために、周囲の人に対しても、そして自分に対しても、せっかちになる気持ちはよくわかります。

でも、その必要はありません。

お伝えしたように、そもそも不安はゼロにはならないのだから、というのが

1つ目の理由。それから、**いったん「わからないまま」にしておくほうが、じつは物事はうまくいくことが多い、**というのがもう1つの理由です。

「問題に対して答えをせっかちに求めようとしない。未解決なものや不思議さを受け入れる能力」

この力を「ネガティブ・ケイパビリティ」と名づけたのは、ジョン・キーツという英国の詩人だそうです。

そして、精神科医のウィルフレッド・R・ビオンは、医師と患者との関係においても、「ネガティブ・ケイパビリティ」が大切だと説きました。

私たちは日常を、「いかに早く、正確に問題解決ができるか」という意識で過ごしています。そして、「ネガティブ・ケイパビリティ」は、それとは真逆の結論を急がない姿勢のこと。

つまり、**「わからない」という領域を残し、答えがない事態に耐える力こそが、解決の道筋において重要な役割を果たす**ということです。

そもそも、人が人のことを100パーセント理解するなんて、どれだけ科学技術が発展したとしても到底無理なこと。

私の人生で長い時間を一緒に過ごしてきた妻のことでさえ、私にはいまだにわからないことがたくさんありますから。

そういえばずいぶん昔に、こんなことがありました。

まだ子どもたちを授かる前、2人で出かけた旅先で、遊覧船に乗って湖を渡ったときのこと。電車の時間に合わせて、戻るための船の時間も決めていたのですが、船着き場の近くでお土産を選んでいた妻が、いっこうに店から出てこないのです。船の出発時刻が迫ってきて、店の外で待っていた私はだんだん焦ってきました。

「早くしないと船が出発してしまう」「妻は時計を見てないんじゃないか？」と、慌てて店のなかに妻を探しに入ろうとしたとき、妻が「ごめんねー！」と謝りながら出てきました。そして「はい、これ」と、私のために選んだお土産を渡してくれたのです。私を喜ばせたくて、あれこれと迷っているうちにギリギリの時間になってしまったとのこと。

苛立《いらだ》っていた自分のことが、心底恥ずかしくなりました。

妻の行動を勝手に決めつけて、善悪というものさしだけでジャッジしてしまっていた。相手の思いを1つもわかっていなかった。

ああ、焦ってロクなことはなかったな……。

そんな気持ちが押し寄せて、深い後悔の念にかられました。

今でもずっと、忘れられない出来事です。

そんな経験も重ねながら、**「善悪をすぐに判断するのはやめよう」**と常日頃から意識するようになりました。

人の行動における善悪はもちろん、自分自身に対しても、そして農作業においても。あらゆることにおいて即座にジャッジしない方針です。

自然界も人の世も、解決できない問題で満ちている。

「わからない」ことは「わからないまま」にしておくことのほうが自然だし、焦らずに淡々と過ごしているうちに、悪いことと思えていたことが、じつは幸せなことに転じることもよくある。

春先の野菜の生育がゆっくりでなかなか育ってくれないと思っていたら、気温が上がってくるとともにグングン元気よく育ってきたなんてこともある。

畑では案外、そっちのほうが頻繁に起きているかもしれません。

焦ってジャッジをせずに、「わからない」あるがままの状況を、受容してみる。それだけで、あなたもきっとたくさんの恩恵を授かりますよ。

☑

動き続けない。強制的な「休み」時間作り

頑張って生きなくていい。
無理に元気を出さなくてもいい。
ただ空を眺めて癒されたり、お花を見てきれいと感じたり
自分の感覚に身を委ねたりする時間を大切にする。
空を眺めて不機嫌になる人はいないし
お花を見て怒る人もいない。
まずは心を満たしてあげる。
心に余裕が生まれてから、歩み出せばいい。

先述したように、移住したての頃は、長野の冬はとても厳しいものだと感じ

ていました。けれど、春夏秋冬を何巡かしてみると、今度は冬のありがたさを強く感じるようになりました。

冬がありがたい理由。

それは、ひとえに**「冬」が「休み」の期間**であることです。

強制的に「休む時間」が設けられていること。

それが自然のバイオリズムでもあります。

冬だけではなく、夜もそう。暗くなると、自然は静けさを増して休息の時間に入ります。夜行性の動物にとっては、逆に「昼」が休息の時間です。

我が家の周辺に暮らす森の生き物たちは、みんなそれぞれに休み時間を持っている。それが自然というもので、人間だって同じだなと気づきました。

世の中が、もう少しだけでも休むことに対して寛容になったらいいのにと思うことがあります。

「いつも動き続けていないと、社会から置いていかれるような気持ちになる」

「つねに世の中に価値を提供していないと、自分の存在意義を感じられない」

……など、休むことに対して、罪悪感を覚える人が増えてきているのではないかと感じることがあります。

もちろん働くこと自体は素晴らしいこと。働くことによって日々の暮らしに充実感や喜びを得て、それによって人生が豊かに彩られていく。働いていてよかったなと感じる時間です。

しかし、私たちは、社会的な「人間」である前に、生物的な「ヒト」であるという事実を忘れないでほしいとも思うのです。だから、**休むことはとても前向きで自然なことなんだと受けとめてみてほしい。**


古代インドの医学には、体調不良の治療の1つとして「断食」を処方することがあるそうです。絶え間なく行われる胃腸の消化活動に休息を与えるために、断食こそが最良の薬になるという考えがあるのです。

イギリスの科学者アイザック・ニュートンが、かの有名な「万有引力の法則」を発見したのは、ペストの流行でケンブリッジ大学が閉鎖された18か月もの休学期間でのこと。彼はその休学期間を「創造的休暇」と呼んでいたそうです。

「歩む」は「少し、止まる」と書くように、人生の歩みには立ち止まることも必要です。

立ち止まることは、悪いことでも、恥ずかしいことでもなく、ネガティブなことでもない。

必ず「意味のあること」になる。

人は立ち止まったときに「新生」するのです。

そのためにも、とにかく大切なのが休む時間。

どうか意識して休むようにしてみてくださいね。

☑

「きっとできる」のメッセージを見逃さない。それは心の発芽サイン

とっても不思議ですが
望みは自分が必要と考えるタイミングでは出会えず
自分の人生が必要とするタイミングで出会えるものなのです。

あなたのなかに「ありたい姿」や「未来の姿」が具体的にイメージできたとき。それは、「準備OK！」「GOサインが出た」というメッセージだと受け止めてくださいね。

まるで予知夢のようですが、まぎれもなく心が発芽した瞬間です。

自然界の植物も、「水・温度・酸素」といういわゆる発芽の3要素に加えて、

その種が置かれた環境が適しているか、土壌の質、水質、空気が合っているかなど、さまざまな条件が揃《そろ》わなければ発芽のスイッチは入りません。

それは私たちの心も一緒。

心は、条件さえ整えば、ある日突然パッと発芽することがあります。

まるで天からイメージが降りてくるように。

どんなに小さなイメージでも、多少唐突に思えたとしても、それは確実にあなたの内側で起こった芽吹きであり、発芽するための条件がすべて整ったというサインなのです。

私自身、「農家になる」というイメージが湧いたのは突然でした。

それまでは大都会の東京で毎日スーツを着て出勤し、農業とはまったく縁のない働き方をしていたのです。

ところが、ある日突然、自分が畑に行って楽しそうに農作業をしているイメージが降りてきました。

イメージのなかで、私は自分で育てた野菜を段ボール箱に詰めていた。そして、野菜を買ってくれた人がその箱を開けた瞬間、最高に素敵な笑顔で喜んでくれているというその表情まで、とても鮮明なイメージが浮かんだのです。

すぐさま、私は農業をやることに決めて動き出しました。

そして実際に、現在の私はあのときに浮かんだイメージとそっくりで、収穫した野菜を段ボール箱に詰めて全国の方々に届けている。

もちろん、届けた先で、箱を開いた瞬間に笑顔になってくれている方々の表情をいつも思い浮かべながら。

皆さんの日常にも、そんなふうにイメージが湧いてくる経験ってないでしょうか?

じつは、強烈なものから、ごく些細なものまで、大小さまざまなイメージは心のなかに湧き起こっているはず。

たとえば、ある人と出会ったときに浮かんだ「この人とはずっと一緒にいそうだ」というイメージ。湖畔の風景が美しい映画を見た直後、心に突然浮かんだ、「湖のほとりに住んでいる自分の姿」というイメージ。

それらを「発芽のサイン」としてキャッチするかどうかはあなた次第です。

どれもが、「どうせ無理」なのではなく、「きっとできる」というメッセージだと、ぜひ前向きにキャッチしてくださいね。

芽吹くための条件は、あなたのなかですでに整っているのだから。

☑

無理に言葉にしない。理屈をつけない

人生に迷ったときは
「頭で考えた正解」よりも、「心で感じた感覚」を信じてください。
頭で考えるほど、プライドや損得勘定が邪魔をして
人生にとって本当に大切なものを見失うから。

正しいほうを選ぶのではなく、心が喜ぶほうを選んでください。
思考に縛られることなく、心の声に耳を傾けてください。
あなたの感覚というういちばん大切なものを信頼してください。

世の中では言葉にできること、相手にしっかり説明できること、理屈が通っ

ていること、論理的であること……が重宝される場面がたくさんあります。

その理由は、「伝わりやすいから」。

そして、「人と共有しやすいから」だと思います。

もちろん、どちらもとても大事なことです。

でも私は、**人に説明できないことや共有しにくい感覚も、同じくらい大事にしたい**と思っています。

自分だけが感じることのできる「なんとなく」のイメージも。

たとえば、前項でお話ししたような、「こうなりたい」「きっとできる」という心にパッと浮かぶイメージなどは、大抵の場合、きちんと言語化はしにくいものです。

イメージとしては自分のなかで確かなものであっても、言葉にすると人にきれいに説明できないということは、そのイメージが浮かびたての段階ではよく起こります。むしろその時点では、**誰かにちゃんと説明できないほうがいい**とも思っています。

言葉にするというのは、すでにあるものに当てはめるということ。

しっかり輪郭を与えてしまうということでもありますから。

言語化される「形あるもの」以前の、自分にだけ感じ取れる「まだ名もなき、形のないもの」も、大切にしてほしい。

人に説明することに慣れてしまった私たちは、**説明できないものは価値のないものだと思い込んでしまいがち**ではないでしょうか。

でも本当は、自分にしか感じられないものにも価値はある。

それは、誰かからOKをもらわなくてもいいもの。

誰にも理解されず、誰にも承認されなくてもいいもの。

自分がそのイメージを見ることができるのなら、確かにそれは「ある」のです。

第4章

自然体で愛する者と関わる「しないこと」リスト

☑

相手に期待しない。変化は誰にとってもストレスになる

誰だって他人に自分を変えられたくないのです。
でも人は大切に思う相手ほど
「言わなくてもわかってくれる」感が強くなり
相手に期待するようになるもの。
人生とは夫婦、家族、友人すべてにおいて
「相手に期待しない」
「相手を変えようとしない」
という心のお稽古《けいこ》なのです。

「なんで、あの人はこんなひどい言い方しかできないのだろう」

と考えたところで、答えは出ません。

なぜならその人は、「そういう人」だからです。


いくら悩んだって時間の無駄。

相手に不満を抱いたら、それは相手に期待しすぎている証拠です。

自分と相手があたかも同じ価値観であると勝手に幻想を抱いてしまうから、勝手に失望するのです。


自分と相手は同じと思い込まないこと。相手をコントロールしないことが大事。


相手のことを変えようとするほど、苦しむのは自分です。

なぜなら、その試みは失敗するからです。

誰だって自分のことは他人に変えられたくない。

あなただって、そうでしょう？

「よかれと思って」を押しつけない。過剰な期待に注意する

「こうあってほしい」という感情が強くなるほど
相手の足りないところばかり見えてくるようになる。
だから期待という感情は取り扱い注意。
「こうあってほしい」と期待せずに
その人のことを受け入れる。

「期待」というのは、やっかいな感情です。

それが相手のために「よかれ」と思って抱いている感情だとすると、なおさら要注意です。

誰かの愚痴を言いたくなったり、相手に猛烈にアドバイスしたくなったりし

たときは、まず、そのひと言を口に出すのを控えて深呼吸。

それから相手への「期待」が過剰になっていないかどうか、心が落ち着いた状態で考えてみてくださいね。


「相手に期待しない」

それは、つまり「相手を変えようとしない」姿勢とも言えます。

あらゆる生き物にとって「変化」は大きなストレスです。人間はもちろん、あらゆる動物、そして植物さえも、「変化」を苦手としている。

生き物が生存していくためにも、「変わること」は避けたいことの1つであるという本能的な感覚は、皆さんなんとなくお持ちなのではないかと思います。

だから「人を変えようとしないこと」が、対人関係における暗黙のルールであると認識している人は、多いかもしれませんね。

でも、心の根っこに「相手への期待」があることで、無意識のうちに、人を変えようとする言動をとっていることは多々あります。変えようとしている意識がなく、悪気もないため、自分でもなかなか気づきにくいのですが。

たとえば、子どもが「将来は宇宙飛行士になって宇宙に行きたいなあ」という夢を語ったときに、あなたならどのように答えるでしょうか?

「へぇ〜いいね」と肯定はしつつも、「でも、超難関だからよっぽど賢くないとね」「運動神経が、人並みはずれていい人しかなれないんだよ」「お金もたくさんかかるんだよ」などと、つい足りないところをズバッと指摘したり、現実的なアドバイスを付け加えたりしないでしょうか?


大人だから、子どもに教えてあげようという気持ちで。根底には「幸せになってほしい」という気持ちがあるからこそ、ついアドバイスを口にしてしまう。でも、**裏を返せばそれは、大人の腹の底にある「期待」からくるひと言かもしれない**と思うのです。

「夢は夢で置いといて、現実的には安定した職業を目指してほしい」という親心。「身体能力や、金銭面など、現実の厳しさも知ってほしい」という期待。

ただ、決して、「そんなの、なれるわけないでしょ!」などと、強く否定しているわけではないのですよね。もちろん悪気もない。

変えようとしている意識すらないことも多いのです。

相手に対して「こうあってほしい」という感情が強くなるほど、相手の足りないところばかり見えてくるようになってしまうもの。

結果、アドバイスを受けた相手には、否定された感覚や、意見を押しつけられた感覚だけが残ります。

親子や夫婦の関係でも非常によく起こりがちですが、職場や友人どうしなど、あらゆる人間関係にあてはまると思います。

誰かに不満を抱いたり、アドバイスをしたくなったりしたときは、いったん期待の感情を引っ込めて、その人の思いや考えを受け入れてみましょう。

会話のコツとしては、相手の言動そのものを指摘するのではなく、その奥にある「どうしてそう思ったの？」という理由のほうを尋ねてみるのがおすすめです。

たとえば、先ほどの例なら、夢を語った子どもに対して「どうして宇宙飛行士になりたいと思ったの?」というふうに。

その答えのなかに、相手の心の奥にある思いを知るヒントがあるかもしれません。まずは、思いを認めて、共感することが何より大事な姿勢です。

現実的な厳しさや、問題があるなら、そこに向き合うのは後から。

共感と理解を経て、その先にようやく解決へのスタート地点が見えてきます。

信頼関係が築かれた間柄であれば、共に乗り越えるための方法を一緒に考えやすくなりますから。

そもそも、**自分と他人の価値観は違うものだということを、大前提に考える**とスムーズです。その前提があるから、まずは相手の言動の裏側にある思いを聞き出さないといけないし、そこに共感することから始めないと、人間関係はうまく深まらない。

人間関係の失敗のほとんどは、相手が同じ価値観であると勝手な幻想を抱いて、勝手に失望してしまうことによるものだと感じます。

・相手に期待しないこと
・相手をコントロールしようとしないこと
・まず、相手の思いを聞くこと

シンプルだけど、人との関係においてとても大事なことだと思うので、ぜひ意識してみてくださいね。

☑

好きか嫌いかで人を選ばない。大切にされているかで選ぶ

相手から「好かれているか嫌われているか」で判断しないことです。
それよりも相手から「大切にされているかどうか」を確かめてみてください。
どうでもいい話でもちゃんと聞いてくれたり
小さなことでもよく笑ってくれるような人を
大切にするといい。

1970年代にインドで活躍したOSHOという思想家は、2013年12月の『THE TIMES OF INDIA』の記事のなかで「好き」と「愛」の違いについ

て次のように語ったそうです。

「もしあなたが花を愛しているなら、あなたは花を摘んではいけません。もしあなたが摘めば花は枯れ、あなたが愛した花は失われてしまうでしょう。だからもしあなたが花を愛するなら、そのままにしておいてください。愛とは所有するものではありません。愛とは感謝するものです」

先ほど、相手に「期待しない」「変えようとしない」ことが、人間関係をスムーズにする秘訣《ひけつ》というお話をしましたが、それは愛する相手に対しても同じです。

もし、あなたが本当に相手を愛しているのなら、「何もしない」で、そのまま大切に見守ってあげてほしいなと思います。

好きだからといって所有したり、手を加えようとしたりするのではなく。

逆に、あなたにとって大切な人が誰かを見極めたいときは、自分を変えようとしてくる相手よりも、**そのままの「自然体のあなた」を受け入れてくれる人を選んでほしい。**

それが「大切にされる」ということだと思うのです。

☑「離れていく人」を追わない。縁があればまたつながれるから

とても仲良くしていた人と、最近なんだか反りが
合わないなと感じたり、違和感を抱いたりする。
それは、お互いのステージが変わったから。
どちらが悪いというわけではなく
住んでいる世界が変わったから
お互いに距離があるだけなのです。
そのときは、無理にその人を追うことなく
次のステージに進むといいです。
ご縁があればまた会えるから。

人との縁は、出会ったり、離れたり、また出会ったりと、巡り続けるものです。それはまさに、自然界を循環する水のようだなと思います。

水はずっと同じ場所にあると、腐ってしまう。

でも、自然界の水は、太陽のエネルギーによって蒸発し、雲になり、やがて雨や雪になって地上に降り注ぎ、それが川に流れて海に至るというように、絶えず形を変えて、新鮮な状態を保ちながら循環しています。

人との関係も同じように、それまで続いていた人間関係を手放すタイミングや、唐突にも思えるような別れを突きつけられるタイミングなどが、折々に訪れるものです。

関係が変化するときは、お互いに強いストレスを感じることがあるかもしれません。でも、川の水が雲に変わるように、人と人との関係も形態を変えながら同じ世界で生きて、巡っていくもの。

誰もが循環という大きな流れのなかで過ごしている。

本物の縁ならば、またつながることもあるから、どうか安心してください。

「別れ」が訪れたときは、心の距離が離れた相手を追いかけようとしないで。

自分にも相手にも、人生という大きな流れのなかで、今、このときに巡り合いたいかどうかという都合があるのだから。

その都合を尊重して、深追いをしたり、相手の考えを変えようと無理な説得を試みたりはしないこと。

自分から去っていく人は、その人が新たに巡りたい道を見つけたのです。

逆に、苦しみの多い関係なら、自分から断ち切ってもいいのです。

「長い付き合いだから」という理由や、情にしばられて、澱《よど》んだ水のなかに居続ける必要はありません。「**離れていく人を追わない**」「**人との縁に固執しない**」というのが、人との別れに際して心に留めておいてほしい大事な秘訣です。

そして、少しずつ過去から「今」に目線を移していきましょう。
別れた後も、過去の縁は必ず「今」に生き続けています。

「バイバイ」の語源には諸説あるそうですが、「さよなら」ではなく「いつもあなたのそばにいるよ」という意味があるとの説が、個人的には好きです。
もともとは“God be with you”（神があなたと共にありますように）と相手の幸運を祈る言葉であり、それが“Good-bye”“Bye-bye”へと変化したそう。

別れを含めて、人との出会いを楽しんでほしい。
失ったものに執着しなくても、今のあなたの「そばにあるもの」を大切にしていけば、きっとまた新しい出会いが巡ってくるのだから。

☑

嫌われることを恐れない。
嫌う人もいて当たり前

大丈夫、誰かに嫌われたくらいで
あなたの人生は何も変わらないから。

人の好き嫌いなんてころころ変わるものだし
人間関係は自分の思ったようにはうまくいかないものです。
そんなことにいちいち心を振り回されない。
嫌われることくらい仕方ないよねと受け入れる。

他人と過去は変えられないけど
自分と未来はいくらでも変えられる。

「人から嫌われるのが怖い」

という気持ちは、誰もが抱えているのではないでしょうか。

ＳＮＳなどでは、クリック１つでブロックという拒絶を示してしまえる時代。否定されることを避けたくて他者目線を気にしながら過ごすうちに、生きづらさや心の重たさにつながっているという人も多いかもしれません。

私も日々、ＳＮＳで発信している立場なので、その気持ちもすごくよくわかります。でもあるときから、こう開き直るようになりました。

「**大丈夫、世の中の全員から嫌われることなんてないんだから**」と。

裏を返せば、世の中のすべての人から賛同されることもないということ。

もととなっている考え方に、「２−６−２の法則」というのがあります。

これは、あらゆる集団において、パフォーマンスの高い人が２割、平均的なパフォーマンスの人が６割、パフォーマンスが低い人が２割の割合で存在するという、人の属性を表す経験則です。

人の能力だけでなく、人間関係にもあてはまると言われていて、どんな集団でも、自分に対して好意的な人が2割、どちらでもない人が6割、好意的ではない人が2割いるという法則が生じるそうです。

つまり、「2割の人は好きでいてくれる」けれど、「2割の人には何をやっても嫌われる」。この法則を知ってから、2割の人がいいと言ってくれれば十分なんだなと、気を楽に持てるようになりました。

もし、あなたを批判する人が現れて落ち込んだときは、ぜひこの法則のことを思い出してみてくださいね。

人はそれぞれ違う物語のなかで生きています。

誰かの物語のなかでは善人でも、別の人の物語のなかでは悪人になることだってあり得る。

どんなに頑張って生きても、自分ではコントロールしきれないものです。だってそれは、他人の物語なのですから。

自分自身の物語のなかでは、「嫌われる」心配も、もちろん遠慮もいりません。自分の信じるものを見つけ出して、それを全力で大切にしていけばいいだけです。


あなたのことを傷つける人、あなたのことを雑に扱う人は、あなたのことを大切にしてくれません。

あなたのことを大切にしてくれる人を、大切にしましょう。

あなたのことを愛してくれる人を、心から愛しましょう。

☑

相手に近づきすぎない。ほどよく離れることも意識する

「何を言うか」ではなく「何を言わないか」。

「何を得るか」ではなく「何を捨てるか」。

「誰と関わるか」ではなく「誰と関わらないか」。

人間関係で大切なのは「相手に近づく」ことではなく「ほどよく離れる」ことです。


関わりたくない人とは関わらない。行かなくていい集まりには行かない。心がしんどくなるものは今すぐやめる。**人生も人間関係も、「足し算」ではなく「引き算」すると案外うまくいく**ものです。

人間関係は、一緒にいて「楽しい、気が合う、心地好い」だけで選んでいる

と、その良好な関係性を失いたくないという気持ちが生じてしまいます。

心地好さに固執するあまり、深く関わりすぎたり、コントロールしたい欲求が芽生えたり……。人間関係の悩みの多くは、人とよけいに関わりすぎてしまうために生まれるように思います。

それよりも、**自然体の状態で一緒にいて「疲れない」で選ぶといいです。**

つまり、お互いに「自然体」でいられる関係です。「人との関係はこうあるべき」という理想や幻想も手放してみる。そうすることで、相手との「ちょうどいい距離感」が生まれ、人間関係の悩みは驚くほど減りますよ。

「**幸運体質な人**」**ほど、手放すことが上手**です。

今の自分にふさわしくないものを手放すから、代わりにもっとふさわしいものが入ってきて、人生がうまくいくのです。自分は今何を持っていて、今何を大切にすべきか？　その優先順位に従って、何を捨てるべきか？

「**自分らしくないもの**」**はどんどん手放していきましょう。**

☑ 防御力を鍛えない。回避力を鍛える

どんなにメンタルを強く保っていても
ふとした瞬間に投げかけられたひどい言葉を
跳ね返せるほど人の心は強くはなれません。
刃物に負けないよう心を鍛えるのはやめて
飛んでくる言葉を「かわす術《すべ》」を身につけるといいよ。
お釈迦《しやか》様もおっしゃるように
「悪口は受け取らないと相手のもとに戻る」ものだから。

多くの人から相談を受けたり、カウンセリングでお話をさせていただくなかで、**ストレス耐性が高い人というのは、決して「メンタルが強い」わけではな**

いことに気づきました。

自分のメンタルに害を与える人や環境と、「距離をとる」のがうまい人。

「防御力」ではなく、「回避力」が高い人なのだと。

「メンタルトレーニング」とは言われるものの、そもそも、メンタルというのは鍛えるものなのでしょうか？

私はそれよりも、**「回避力」を高める**ほうが大事だと考えています。

真正面から受けずに、かわす力。

他者からの攻撃やネガティブな感情を、受け流す力。

日本の武道である合気道では、相手の力に逆らうことなく、攻撃される力を利用して自分の力に変えますが、まさにその手法を対人関係においても取り入れてみる。そうすると、傷つくような場面でも、自ずと心にエネルギーが湧いてくるようになりますよ。

たとえば、**「ネガティブ言葉」を「褒め言葉に変換する」**というのも、おすすめの方法です。私は妻から、「空気が読めないよね」とか「変わっているよね」とチクリと言われることがよくあるのですが、それはつまり「自分軸がしっかりしている」「個性がいい意味で際立っている」ということなんだなと、すべて褒め言葉に変換して受けとめることにしています。

そんなふうに言ってくれるなんて、なんてありがたいんだと感謝しながら。

妻の場合は、信頼関係がある間柄なので、そもそもネガティブな発言がそれほど毒を持っていないかもしれない（真相はわかりませんが）。

でも、もしも赤の他人からもっと毒のある言葉を浴びせられたとしたら……。そのときも、「褒め言葉」とまではいかなくても、「学び」に変えて毒をするりとかわし、できるだけ自分の力に変換する道を選びたいなと思っています。

だって、**本当のところ、相手の真の感情なんて絶対にわからない**のだから。

行動すればするほど、いろいろな人が、好き勝手にさまざまなことを言うものです。誰もがそう。私もそうです。

「今日は曇り空だな」「夕方からは大雨か」……などと、日々移り変わる天気の変化は、皆さんわりと淡々と受け入れていませんか？　人の気持ちも、天気の移り変わりと同じように、「今日はそういう気分なんだね」「あなたは今、そう思ったんだね」という感じで、軽めにかわしていけるといいですね。

言葉の攻撃を真正面から受けて、むやみに傷つくことだけは、もうやめてくださいね。

ちなみに、過去の偉人も、みんな逃げているそうです。

坂本龍馬も脱藩したし、高杉晋作も危機が迫ると素早く逃げたと言われています。逃げは環境を変えることであり、「前向きな」危険回避行動です。やり直すチャンスをうかがう戦略的撤退なのです。

「もう無理」と思ったら、傷つきそうになったら、即逃げること。

強靭なメンタルを養うよりも、逃げ足の速さのほうを鍛えましょう。

第5章

自然体で夢を叶える「しないこと」リスト

☑「いつか」と考えない。会いたい人には今すぐ会いに行く

アメリカの作家ジャネット・デイリーが残した「1週間のなかのどこを探しても『Someday（いつか）』という日はない」という名言が忘れられません。やらなかった後悔は一生残るのです。

会いたい人がいるなら、今すぐに会いに行きましょう。

人と人って、思っているよりもずっと簡単に会わなくなったり、会えなくなったりするものです。

離れて暮らす親や兄弟、親戚、友人たちが１００歳まで生きられるとして、今会っているペースだと、一生のうちにあと何回、その人たちと会えそうでしょうか？　計算してみてください。

残された時間が意外と短く、一生のうちに会える回数はもうかなり限られているということがわかって、ハッとしませんか？

生きていても、疎遠になったまま、連絡する術がなくなるということもよくあります。

「いつか」と思っていると、そのいつかは来ないままかもしれない。

思い出のなかでしか会えない人になってしまうかもしれません。

あなたの「会いたかった人」のなかには、すでに、そんな人もたくさんいるのではないでしょうか？

「会いたい」という気持ちが芽生えたときに会っておくこと。

感謝を伝えたい人がいるならすぐに伝えること。

「ごめんなさい」と言いたい人がいるなら、すぐに言うこと。

人に対するアクションは、先延ばしせずにすぐに起こすことが大切です。

一生のうちに関われる人の数、その人たちと関われる回数は、思っている以上に限られているのだから。

身近な人や、よく交流している相手であっても、いつ会えなくなるかは神のみぞ知るというのも、人智の及ばない自然の摂理です。

その日はあるとき突然訪れるかもしれない。

だからこそ、人と交わるときはいつも、「一期一会」。

初めて会話を交わすときのようなフレッシュな気持ちで、というのが私自身、いつも肝に銘じていることです。

「一期一会」という言葉は、一般的には、一生に一度しかない出会いを大切にしなさいという、「出会い」に対してフォーカスされる言葉です。

でも、その人とはもう二度と会えなくなるかもしれないという心構えで、一瞬一瞬を大切にしなさいという、**「別れ」に対しての戒めの意味**もあるのです。

まずは、自分の気持ちに正直になってみてください。
あなたは今、誰に会いたいですか？
会って、伝えたいことは何ですか？

☑

夢を諦めない。夢のボールを未来に向けて投げる

お花見とは、本来は桜が咲いたことを喜ぶものではなく
秋の豊作を事前に引き寄せるために行う前祝いの行事でした。
いいことが起きたからお祝いをするのではなく
喜ぶことでいいことを引き起こそうとしているのです。
その概念で生きているのが私たち日本人です。

「未来」は、思い込み1つで変わります。
夢や願望が実現するかしないかは、単なる「運」ではなく、「思い込み」に
よってコントロールできるものなのです。

幸せになりたければ、すでに幸せであるかのように行動すればいい。自分がまるで幸せであるかのように振る舞うことで、本当に幸せになっていく。

これを「アズイフ（As if）の法則」と言ったのは、リチャード・ワイズマンという英国の心理学者です。

ワイズマンは、著書『その科学があなたを変える』（木村博江訳／文藝春秋）のなかで「人はあたかもそれを体験したかのように行動しさえすれば、いかなる感情でも望み通りに作り出せるはずである」という提言をしています。

自信を持って堂々と振る舞える自分になりたい。愛情深く人に接することができる人になりたい。好きなことに全力投球できる自分になりたい……。**なりたい理想の自分を具体的にイメージして、そのように振る舞ってみましょう。**そうすると徐々にですが、いつの間にか本当に理想の自分に近づいていけるのです。

もう1つ、私自身がよく使うおすすめのイメージング法もお伝えしたいと思います。それは、**「達成した姿」をボールに見立て、そのボールを川上に投げるようにイメージする**という方法。

過去から現在、未来という時間軸のうち、川上は未来です。

そして、今立っている場所が現在。川下が過去だと考えてみてください。

まず、現在の場所から、未来である川上に向かって、**「すでに願望を達成した自分の姿」を具体的にイメージしてボールを投げます。**

川の水が上流から下流にさらさらと流れるように、川上に投げたボールは、上流から必ず自分のもとに流れてきます。これを現在の自分がキャッチしているイメージを描いてみるのです。

たったこれだけです。


未来の「達成した姿」を先に思い描くことで、それが後々、自分のもとに自動的に流れてやってくる。

一般的には、時間は現在から未来に向かって流れていると思われていますが、このイメージング法では、時間が未来から現在に向かって流れていると設定しています。

「こうなりたい」という願望だけを投げると、未来から流れてくるのも願望だけになってしまうので、**「すでに達成した姿」を具体的にイメージするのがポイントです。**

大自然のなかで身近に流れる川を眺めながら過ごしていると、川の流れになぞらえたこのイメージング法は、実際、自然の理にかなっているように感じています。

じつは私自身、２年前の２０２２年から、「本を出版している自分の姿」というボールを未来に向けて投げていました。ＳＮＳでいつも見てくださっている皆さんに「本を出版しました」とお知らせしている様子も具体的に思い描きながら。

そして、未来に投げたボールを今こうしてキャッチしています。

自分に才能やセンスがあるかないかなんて、難しく考えなくてもいいんですよ。もし本当に心の底からやりたいことがあるならば、「既に達成したことにして」始めてしまえばいいのです。

「アズイフの法則」も、「川上（未来）に向かってボールを投げるイメージング法」も、どちらも**「達成した」という設定を先に作ってしまうのが共通点。**

それが、夢の実現に欠かせない行動力を引き出すことにつながり、結果的に最大のパワーを発揮できる自分になれるのです。

私には無理だな、と**「壁」を作るのも自分であり、私にはできると「思い込む」のも自分**です。あなたの心ができないと思えば、その通りに「壁」が作られ、あなたの心ができると思えば、その通りに「扉」が現れる。

ぜひ、もっと気軽に一歩を踏み出してみてくださいね。

たとえば、野菜を育てたことがなくても「自分は農家だったことにして」マルシェに出店してみる。

楽器を演奏したことがなくても「自分はミュージシャンだったことにして」ステージに立ってみる。

絵を描いたことがなくても「自分はアーティストだったことにして」個展を開いてみる。

誰にもお願いされてないし、誰にも求められてもないけど、全部自分が勝手に思い込む。

それだけで、**現実世界はすごいスピードで変化していきます。**

自分が変わることで周りもどんどん変わっていき、後から振り返ってみると、数年前にはまったく想像できなかった世界に飛び込んでいる自分がいます。

家の扉を開けた途端、胸にワクワクを抱きながら飛び出していた、あの頃のあなたみたいに。

周りの目なんか気にすることなく、胸を張って思いっきり一歩を踏み出してみよう。

☑

世界を変えようとしない。自分を変える

自分が変わると「相手」も変わる。
自分が変わると「周り」も変わる。
自分が変わると「世界」も変わる。
相手を変えようとせず、周りを変えようとせず
世界を変えようとせず、自分の手の届くところから少しずつ。
不思議と自分が変わった分だけ世界は優しくなっていく。
全部自分から。

人間関係においては、相手に「期待せず」「変えようとしない」ことが大事だというお話を前章でしました。

大切なのは「自分」が変わること。

もっとスケールを広げて、「周りの環境」や「世の中」と向き合うときのスタンスも、私は基本的に同じだと思っています。

自分が属しているグループの居心地や、学校や職場に潜む暗黙のルールなど。日常のあれやこれやに対して、「もっとこうだったらいいのに」「こうしてくれたらいいのに」という不平不満は、誰もが日々抱いてしまいがちですよね。

もっと視野を広げて見れば、世の中には戦争や経済、環境問題など、さまざまな課題が山積みであることは誰の目にも明らかです。

でも、それらに真正面から向き合うのが果たして正義でしょうか？

もちろん、そういう場面もあるかもしれません。目の前の人の命を守りたい場面など、究極の場合には。

でも、そういう場面を除いて、多くの問題はまず、自分の手の届くところから変えることが解決の近道になるんじゃないかと考えています。

自分が変わると「相手」も変わる。そうすると「周り」も変わる。さらには「世界」も変わる。

結局、自分が変わると「周り」や「世界」が変わっていきます。

この順番が逆になり、最初から世界や周りを変えようとすると、うまくいきません。そこに不協和音が生じたり、争いが起こったりと、調和的ではない流れが引き起こされてしまうからです。

周りの居心地についてもそう。居心地をよくするための第一歩は、自分が「嘘偽りのない」本物の自分であることです。

もし、いつも周りの評価を気にしながら「他者目線」で生き、本心にフタをした「偽物のあなた」になっていたとしたら……。

あなたの周りは、「偽物のあなた」と付き合う「偽物の相手」だらけになっていく。「偽物の相手」に囲まれるうちに、あなたはいつの間にか「偽物の世界」で生きることになってしまうのです。

「偽物の世界」と闘っていても、何も変わりません。ただ、消耗するだけ。

だからこそ、発信源である「自分」から変わる。

それはつまり、本心を大切にして「本物のあなた」で生きるということ。

発信源が変わると、「本物のあなた」と調和した環境が導かれるという好循環が、自然と生み出されるのです。

それがあなたにとって、居心地のいい世界であることは、言うまでもありません。もちろん、周りにとっても、です。

自分も周りも居心地のいい世界。

ぜひ、そちらを目指してみてくださいね。

☑

「美しさ」が見えない心の状態を作らない。美しさは心が感じるもの

花を見て美しいと思うのは
花が美しいからではなく
あなたが花を見たときに美しいと感じる
「心」があるから美しいのです。

同じものを見ていても、そのときの心の状態によっては、美しく見えたり、そうは見えなかったり。そんな経験は、皆さんにもあると思います。**心の状態によっては、目の前にあるものでも、まるで見えなくなってしまうことだってある。**私にも経験があります。

都会で暮らしていた頃、働いていた職場でストレスが極限に達していた時期のこと。会社の駐車場で、車を停めるべき場所の番号が急にわからなくなったことがありました。前日までは、問題なく駐車をしていたのに……。記憶をたどってみても、その日は通勤途中でどのルートを走ってきたのか、まるで覚えていない。どこか別の世界にワープして、別人になったような感覚。

心の状態は、こんなにも人に影響を与えてしまうのかと、心底恐ろしくなる体験をしました。

もちろん、そういう心の状態では、周囲の「美しさ」なんて、見えるわけはありません。

私が陥ったような、本来「見えるべきもの」まで目に入らなくなるのは極限的なストレス状態だったと言えますが、基本的なレベルのものは見えている前提として、そのうえで、あなたの目にはどんなものが映っているでしょうか？

そのとき、**「美しさ」が見えているかどうかは、心の状態を判断するバロメーターになる**ように思います。

幸い、今の私はストレスフリーで、当時のような「まるで見えなくなる」といった状態に陥ることはありません。

大自然に囲まれて暮らし、自然界の「美しいもの」を目にしては、感動で心を震わせている毎日です。

でも、見るのが「得意なこと」「不得意なこと」はあるなと感じています。たとえば、私は店に並んでいる品物や、街角の物をよく見落とします。子どもたちに「あそこのお店で見た時計、かわいかったよね」などと言われても、大抵の場合は覚えていない。忘れたのではなく、おそらく、もともと目に入っていないのだと思います。

一方で、私は自然の変化を見つけるのは得意です。

鹿が来たというわかりやすい痕跡《こんせき》から、育てている農作物の微細な変化まで――この子だけ元気ないな、昨日とちょっと違う姿になっているな、少しずつ生長しているな、そろそろ収穫どきだな……等々。

作物は、整ったいい環境で育っているとうれしそうな表情をしてくれる。天気がいい日は日光を浴びながら、葉っぱを大きく広げて、本当にニコニコ笑顔のような表情を私に向けてくる。夢中で野菜作りに取り組んできた十数年を経て、最近では、野菜たちのそんな表情まで見えるようになってきました。

私の今の視界は、今の私の心が作り出している。

美しさは、今のあなたの心が感じるものです。

あなたの目には今、ちゃんと「美しいもの」が見えているでしょうか？

☑

感謝を忘れない。「ありがとう」の循環が優しい世界を作る

「ありがとう」を伝えるとすべてあなたの味方になってくれます。

感謝を伝える対象はなにも「人」だけではなく

「モノ」や「出来事」

「条件」や「場所」

「健康」や「病気」

「過去」や「未来」

日常生活におけるすべてです。

「ありがとう」はあなたを支える魔法の言葉であり
感謝したものがすべて味方になってくれるのです。

ときどき、「感謝の気持ちを素直に受け取れない」という悩みを抱えている人からの相談を受けることがあります。

感謝を受け取るのが苦手な人は、「もらったら相手にお返しをしないといけない」という思いが強すぎることがあります。

感謝を受けると、

「何か返さないと相手に悪いかな」

「受け取った以上のものを相手に返さなきゃ」

と考えてしまうのです。

心の根底にこれらの意識があると、素直に感謝を受け取れない体質になり、恩を拒否するようになってしまいます。

そうすると、お互いに迷惑をかけ合って生きているのに、人に迷惑をかけてはいけない、とどんどん自分を追い込む思想になっていってしまいます。

もっと素直に「ありがとう」と受け取っていいし、受け取ったら心の底からうんと喜んでいいのです。

恩を受けたその人に直接は返せなくても、別の人に違う形で返していく「恩送り」という素敵な言葉が日本にはあります。

手元に届いたギフトを拒否して受け取れないと、そこで環《わ》が途切れてしまうけど、人から受けた恩を素直に受け取れば感謝の環が社会に広がっていきます。

それによって社会に優しさが循環していきますよ。

7歳の娘が、

「お金って使えばなくなっちゃうけど、ありがとうの気持ちで使うと感謝が残るよね」

と言ったひと言が、私の頭にずっと残っています。

野菜の命は、食べてしまえば見えなくなります。

けれど、見えなくなっただけで、その野菜を食べたときの「ありがとう」「おいしかった」などの気持ちは別の形で残っていくのだと気づかされました。

子どもの素直な感性には、いつも驚かされます。

子どもこそ究極の「自然体」だと思うのです。

けれど、一方で、人間とは忘れる生き物でもあります。

この「ありがとう」「おいしい」という気持ちを忘れずに、世界に残し続けるためには、私たちはどうしたらいいのでしょうか。

「ペイフォワード・メニュー」というシステムをご存じでしょうか。

これは、レストランやカフェにおいて、お店を利用したお客さんが次のお客さんのためにお金を先払いする仕組みです。

ペイフォワード・メニューを導入しているレストランやカフェで注文する

と、伝票に「お代は0円です。あなたの前に来た人が払っているからです。もしあなたも、これから訪れるお客様へこの感謝の循環の輪をつなげたいと思いましたら、無記名の封筒へお代を入れてください。」と書かれています。

今、目の前にある食事は、たくさんのバトンがつながることによって、提供されている。

そのような感謝のバトンリレーに参加できる仕組みです。

自然に囲まれて生きていると、自分1人では生きていられない、たくさんの関わり合いのなかで生かされているのだということに気づかされる。

「**ありがとう**」**という感謝の念を日々抱く**ようになります。

自分は大いなる流れのなかに参加している一部なのだと思うと、否応なしに自分が果たしている役割も自覚させられます。

それは責任を背負うことでもありますが、同時に孤独を和らげ、生きている実感にもなります。

この世界は、「ありがとう、お陰さま」のエネルギーが循環しています。

夜空に光り輝く星を見て心の底から感動できるのも、静寂な暗闇があるお陰さま。

見えない世界の存在に感謝をするとき、世界が大きく輝き始めるのです。

おわりに

皆さん、ここまで読んでくださり、本当にありがとうございました。

最後に、私から皆様へ質問があります。


「あなたは今、自分らしく生きていますか？」

「あなたは今、自分に嘘をついていませんか？」

「あなたは今、自分に正直に生きていますか？」


ぜひ目をつぶって少し考えてみてください。

じつはこれらの質問ですが、〝ある共通点〟があります。


それは、**すべて自分にしか答えが出せない**ということです。

社会が答えを用意してくれるのではなく、インターネットで検索すれば正解が見つかるものでもなく、他の誰かが答えを教えてくれるわけでもありません。あなたにしか答えられない問いであり、あなたにしか正解を見つけることができない問いなのです。

すべてにおいて正解を求めてしまうこの時代。

みんな「答え合わせ」がしたいのです。これからはその答え合わせを、外に求めるのではなく内に求めてみてください。

私たちは人生の多くの場面で、たとえば学校や就職活動などで、テストを受けたり面接を受けたりと、何かと他者から評価され選別されることに慣れてしまっています。社会に出てからも、仕事で成果を挙げることに力を入れ、外部からの評価に一喜一憂するような、他者からの評価に大きなウェイトを置いてしまっています。

しかし、これからは「自分で自分に正解を出す」ということをもっと多くの人に実践してもらいたい。そして何よりも**「自分で自分に正解を出す」ということにもっと誇りを持ってもらいたい**のです。

本書は、新たに何かを得るのではなく、もともと誰もが自分のなかに存在している**自然体にアクセスするための懸け橋**となるような本を目指して作りました。

本作りを進めていくうちに、その自然体にたどり着くまでの道のりには、鎧をまとっている自分だったり、与えられた役割を演じる自分だったりと、自分を守るためにも、この時代を生きていくためにも、本来の自分の姿にさまざまなものをコーティングせざるを得ないという状況が、多くの人を苦しませている原因なんだということに気づいたのです。

もちろん自分を守るために鎧をまとうことが必要なときもあるのですが、一方で鎧が分厚くなればなるほど、感覚の繊細さが失われていくことにもなり、本来の自分の姿を見失うことになります。

そして鎧をまとうことで外部からの攻撃をせき止めるだけでなく、人の温かさや優しささえもせき止めてしまうことにもなるのです。

本書をお読みになり、本来の自然体である自分に触れ、今生きている世界はこんなにも素晴らしいものなんだと感じていただけたら、私としてはこれ以上の喜びはありません。


本書のなかでも書きましたが、私もかつては人間関係や仕事、人生の幸不幸などでたくさん悩みを抱えていた人間でした。

社会の歯車なんかになりたくないと心の奥底では強い意志を抱きながらも、実際にはどうしていいかわかりませんでした。日々やらなければならないことをひたすら消化し、それでも無慈悲にも時間だけは確実に過ぎ去る感覚だけ積もっていく……。そのような毎日を送っていたのです。

そして、そんな生きている実感すら失っていた過去の自分へメッセージを送りたいと思い、この本を書きました。


私が変われたのは、「気づき」の力のおかげだと思っています。

過去の私は、我慢や見栄や、世の中のプレッシャーに応えようと頑張るあまり、視野が狭まっていたのかもしれないと思っています。

毎日の美しさにも、人の優しさにもほとんど気がつくことができないでいました。自分のなかにある自然体の声や、外から与えられる気づきに無感覚だったあの頃は本当に毎日がつらく、プレッシャーに追われて生きていました。

けれど、「ちょっと待ってみよう」「本当に自分はこの生き方を望んでいるのだろうか」と立ち止まったときに、心のなかから声が聞こえてくるようになりました。この声を聞いた瞬間、私は飛び出すように、東京から長野へ引っ越し、農業を行うための準備を始めたのです。

そして農業を始めてからは、心の声をたくさん聞くようにしました。

私は、〝よけいなことをしない〟という心の声に気づいたのです。

そして、もう1つの気づき。それは、「しない」と決めて、手放したものはそのままそっくり自分のなかから消えてなくなるのではなく、別の形になって心に宿るということです。

水が蒸発することで身軽な存在となり、やがて雲へと形を変えるように。

今まで生きてきたなかで、身につけてきたもの、選んできたもの、得てきたものによって、今の自分の人生が作られているのかと思っていましたが、まるで違っていたのです。

何を選ばなかったか、何を言わなかったか、何を手放してきたのか。

今、手元にないものたちが、自分の意思決定や行動選択や価値観となり、決して目には見えないけれどもしっかりと心に刻まれ、確実に自分という存在として生きているのです。


あなたが自然体に向かえば向かうほど、心の声は聞こえるようになり、心の声はたくさんの気づきをあなたに与えてくれるでしょう。


あなたの幸せを心から願っています。

恩送りの話を最後にいたしましたが、この本が誰かにとって少しでも気づきを得るものになっていますように。

マノマノ

マノマノ
農家・心理カウンセラー。2003年東京農業大学卒。信州八ヶ岳山麓に広がる高原で、農薬や化学肥料に頼ることなく自然の恵みで育った野菜を全国へ送り届ける傍ら、SNSで心を癒すための発信も行っている。人間社会はよけいなもので溢れているので生きるだけでも疲れてしまいがち。だからこそ「よけいなこと」を手放し、人が本来持っている「生きる力」＝「自然体」を取り戻そう、というメッセージが人気を博す。

風《かぜ》と水《みず》と畑《はたけ》から教《おそ》わった
自然体《しぜんたい》になれる「しないこと」リスト

2024年３月１日　初版発行

著／マノマノ

発行者／山下　直久

発行／株式会社KADOKAWA
〒102-8177　東京都千代田区富士見2-13-3
電話　0570-002-301（ナビダイヤル）

印刷所／TOPPAN株式会社
製本所／TOPPAN株式会社

●お問い合わせ
https://www.kadokawa.co.jp/（「お問い合わせ」へお進みください）
※内容によっては、お答えできない場合があります。
※サポートは日本国内のみとさせていただきます。
※Japanese text only

定価はカバーに表示してあります。

ISBN 978-4-04-606731-9　C0095